PROMESAS VACÍAS

La verdad sobre ti, tus anhelos y las mentiras que estás creyendo

Pete Wilson

GRUPO NELSON
Una división de Thomas Nelson Publishers
Desde 1798

NASHVILLE DALLAS MÉXICO DF. RÍO DE JANEIRO

Publicado en Nashville, Tennessee, Estados Unidos de América. Grupo Nelson, Inc. es una subsidiaria que pertenece completamente a Thomas Nelson, Inc. Grupo Nelson es una marca registrada de Thomas Nelson, Inc. www.gruponelson.com

Título en inglés: *Empty Promises*

Publicado por Thomas Nelson, Inc.

Editora General: *Graciela Lelli*
Traducción: *Omayra Ortiz*
Adaptación del diseño al español: *Grupo Nivel Uno, Inc.*

ISBN: 978-1-60255-746-8

Impreso en Estados Unidos de América

12 13 14 15 16 BTY 9 8 7 6 5 4 3 2 1

A mis tres hijos: J-man, Pooh Bear y Boo-Boo, tres de los muchachos más estupendos que jamás haya conocido.

Mi oración es que algún día este libro
les sirva de guía en su camino.

Que cuando sean seducidos por las promesas vacías
de este mundo —como nos pasa a todos a veces—,
es mi oración que hagan realidad Proverbios 24.16:

«Los justos podrán tropezar siete veces,
pero volverán a levantarse». (NTV)

Que siempre entiendan que Jesús les ofrece lo que ninguno de estos dioses falsos podrá darles jamás.

Solo él puede llenar su vacío interior.

Y solo él tiene el poder para, un día,
llevarlos a casa . . . consigo.

Los amo con todo mi corazón.

CONTENIDO

RECONOCIMIENTOS

A Brandi . . . gracias por tu perseverante amor, amistad y paciencia. Tu manera de creer en mí me permite perseguir mis sueños. ¡No puedo imaginar compartir esta jornada con otra persona que no seas tú!

A mi familia de Cross Point Church . . . gracias por permitir que les sirva. Juntos estamos creando un entorno donde está bien no estar bien. A veces parece algo confuso, con frecuencia no es lo que esperamos, pero siempre es más de lo que podemos hacer por nosotros mismos. Amo la realidad de estar viviendo mi iglesia y mi vida junto a todos ustedes.

Al equipo de trabajo de Cross Point . . . nueve años más tarde sigue siendo un honor para mí levantarme cada día y trabajar con un grupo tan maravilloso. Ustedes me inspiran cada día a ser un mejor ser humano. Los amo a cada uno con todo mi corazón.

A Shannon Litton, Maurilio Amorim y David Schroeder . . . gracias por su sabiduría y fe no solo en este libro, sino en mí. ¡Gracias por confrontar y redimir mi deseo de rendirme!

A Anne Christian Buchanan . . . como siempre, me retas a ser un mejor escritor. Gracias por tu inversión en este libro.

A todo mi equipo en Thomas Nelson: Matt Baugher, Debbie Wickwire, Emily Sweeney, Kristi Johnson, Stephanie Newton, Adria Haley, Tom Knight, y al maravilloso grupo de ventas, Caroline Green y Andrea Lucado . . . gracias por creer en mí y ofrecerme está maravillosa plataforma para compartir este mensaje.

PRÓLOGO POR RICK WARREN

En una ocasión, la Madre Teresa señaló que la gente en India se está muriendo de hambre física; pero en América, la gente está muriendo de hambre espiritual y emocional.

Dios nos creó con un hambre espiritual intrínseca que solo él puede satisfacer. Decimos frases como: «La vida tiene que ser mucho más que esto» o: «Estoy aburrido . . . descontento . . . vacío . . . insatisfecho» o quizás hasta: «Siento que falta algo en mi vida». Aun cuando las cosas parecen estar marchando bien, siempre está esa insistente sensación en nuestro interior. Es nuestra *hambre* de Dios. Fuimos creados *por* Dios y *para* Dios, y hasta que no entendamos esto, nuestra vida nunca tendrá sentido. Cometemos el error de buscar esa satisfacción en todos los lugares equivocados.

De eso trata este libro. Sus páginas revelan los ídolos que creamos en nuestros corazones cuando dejamos de buscar en Dios la satisfacción para nuestras necesidades más profundas. Estos ídolos de placer, prestigio, pasión, posición, popularidad, desempeño y posesiones inevitablemente nos traicionan y nos decepcionan. Todos son, como dice mi querido amigo Pete Wilson, «promesas vacías». Con demasiada frecuencia nos dejamos engañar por el pensamiento del «cuando y entonces». Cuando me case . . . Cuando gane más dinero . . . Cuando alcance cierta meta o cierto estatus . . . ENTONCES seré feliz. Pero, como dijo Salomón: «No importa cuánto veamos, nunca quedamos satisfechos. No importa cuánto oigamos, nada nos tiene contentos» (Eclesiastés 1.8 NTV).

Hoy día, la propaganda publicitaria está plagada de promesas vacías que ofrecen satisfacer nuestra hambre espiritual. Desde el café hasta los cigarrillos nos prometen «satisfacción garantizada» y «¡un sabor que satisface!» Si esto fuera cierto, ¡una taza de café sería suficiente y nunca necesitarías ni un cigarrillo más!

Sin Cristo, tendemos a abordar la vida de la misma manera en que saqueamos el refrigerador tarde en la noche. Nos sentimos intranquilos y no podemos dormir, así que nos levantamos y vamos al refrigerador. No sabemos qué nos apetece . . . solo sabemos que tenemos hambre. Abrimos la puerta y nos quedamos allí parados mirando todo lo que hay, con la esperanza de que algo se vea bien y capte nuestra atención. Luego, empezamos a «probar»: un poquito de esto y otro poquito de aquello. Pero nada nos sabe bien. Nada nos satisface. Cerramos la puerta del refrigerador y regresamos a la cama *todavía con hambre*. Esta escena describe las vidas de la mayoría de las personas. Hoy día hay disponibles más del doble de los productos y servicios que existían hace diez años, y la mayoría de ellos prometen algo que no pueden cumplir. Nos preguntamos: «¿Se siente hoy la gente el doble de felices que hace diez años atrás?» Seguro que no. Un hombre me confesó: «Aun cuando alcanzo lo que quiero, ¡no es lo que quiero! No dejo de sentirme insatisfecho».

Este libro te dirige a la respuesta en tu búsqueda de satisfacción y trascendencia. *Promesas vacías* cambiará tu vida si escuchas, aprendes y aplicas las poderosas verdades que contiene. Pete Wilson te ayudará a reconocer tu *verdadera* hambre y la *única* fuente para la verdadera satisfacción.

El Salmo 37.4 dice: «Deléitate asimismo en Jehová, y él te concederá las peticiones de tu corazón». ¡No busques felicidad, busca a Dios! Ningún producto contiene la promesa de felicidad. Esa promesa solo se encuentra en una persona: Jesucristo. «Porque todas las promesas de Dios son en él Sí, y en él Amén» (2 Corintios 1.20). ¡Te invito a emprender la jornada!

—Rick Warren

Pastor, Saddleback Church

CAPÍTULO UNO
ENGAÑOSAMENTE BUENA

He recibido un obsequio asombroso.

En realidad, he recibido 13,638. Ese es el número de días que he vivido hasta hoy.

De estos más de doce mil días que me han sido dados, algunos han sido desafiantes, otros deprimentes y otros repletos de aventura. Hay unos cuantos que no me importaría vivirlos una y otra y otra vez. No estoy seguro de que en verdad pueda escoger uno que sea el «preferido» de ellos, pero sí he tenido algunos muy memorables.

Está el día en que nací. Ese fue un buen día (me dijeron).

El día en que aprendí a caminar fue muy bueno también.

El día en que me enamoré por primera vez . . . ¿quién podría olvidar ese?

El día en que obtuve mi permiso para conducir fue definitivamente bueno para mí. (Apuesto que fue aterrador para mis padres.)

El día en que me casé fue importantísimo y los días en los que mi esposa, Brandi, dio a luz a cada uno de nuestros tres hijos y los sostuve en mis brazos por primera vez . . . inolvidables. Están los días como uno que viví hace poco mientras estaba de vacaciones con mi familia en Florida. Brandi y yo nos sentamos en la playa, con nuestros pies en la arena, y conversamos sobre nuestros sueños para el futuro. Con cada palabra que salía de nuestra boca, nos dábamos cuenta de cuán bendecidos somos. Mientras hablábamos y soñábamos juntos bajo el sol, observábamos a nuestros tres hijos, que ahora tienen nueve, seis y cuatro años, saltando sobre las olas sin ninguna preocupación. Unas pocas horas más tarde, todos nos sentamos juntos en la arena y vimos cómo aquel sol parecía esconderse en el océano.

Ese día permanecerá grabado en mi memoria para toda la vida, no necesariamente por lo que hicimos, sino por la manera en que me sentí. Muchos de mis anhelos más profundos en cuanto a propósito, valor, trascendencia, aceptación, seguridad, amor y belleza fueron satisfechos. Durante unas cortas y pocas horas, pareció algo así como el día perfecto.

Por desdicha, no duró mucho.

Porque justo a la par de esos días maravillosos, buenos y bendecidos, he vivido bastantes en los que he luchado con una molestosa y hasta dolorosa sensación de querer . . . más. Días en los que quien soy y lo que tengo simplemente no parece suficiente.

¿Te has sentido así alguna vez? Creo que a todos nos pasa en un momento u otro. Algunas cosas solo parecen ser congruentes entre la mayoría de las personas con las que me encuentro en esta tierra.

Nos gusta sentir el viento soplando en nuestro rostro.

Animamos al que está perdiendo.

Nos encanta cómo se siente ganar y no nos gusta que nos digan qué hacer.

Nos sobrecogemos ante espectáculos naturales como el Gran Cañón, las Cataratas del Niágara o el árbol rojo intenso a mediados de otoño.

Nos encanta escuchar la risa de un niño pequeño.

Nos repugna el contenido de los *nuggets* [trocitos] de pollo, pero de todas maneras nos los comemos de vez en cuando. (Bueno, tal vez este es solo para mí.)

Y más allá de eso, creo que la mayoría de nosotros tiene un profundo anhelo por sentir ciertas cosas.

Veintiún días después de tu concepción, un pequeño impulso eléctrico estimuló tu músculo cardíaco. Fue tan débil que apenas pudo percibirse, pero en realidad fue el primer latido de tu corazón. A partir de ese momento, has estado en una travesía y hay ciertas cosas que tu alma anhela para ese viaje. Ya sea que te percates o no, tu vida toma forma de acuerdo a tu búsqueda de ellas. Has sido diseñado para invertir tu energía en lo que sea que creas que puede proveerte lo que deseas:

- propósito
- valor
- trascendencia
- aceptación
- seguridad
- amor
- belleza

Eso es cierto para cada uno de nosotros. Todos anhelamos más de algo en nuestras vidas. Todos atesoramos algo o a alguien más allá de nuestra experiencia diaria. Todos ofrecemos nuestra devoción a alguien o a algo. Esos impulsos son parte de nuestro ADN, grabados en nuestra naturaleza, tan normal y natural como la respiración misma. Y creo que han sido colocados en nuestras almas por nuestro Dios Creador.

En resumen, somos un pueblo creado para adorar. La pregunta no es: «¿Adoramos o no?» La pregunta es: «¿A quién (o a qué) adoramos?»

En resumen, somos un pueblo creado para adorar. La pregunta no es: «¿Adoramos o no?» La pregunta es: «¿A quién (o a qué) adoramos?»

Creo que ese anhelar más que nos persigue a todos existe para, al final, conducirnos a la persona de Jesucristo. Esa inclinación a adorar está diseñada para impulsarnos a una relación apropiada con aquel que puede satisfacer nuestros anhelos más profundos.

Tal vez estoy mostrando mis cartas un poco temprano, pero estoy convencido de que solo por medio de Jesús —a fin de cuentas— alcanzaremos el contentamiento de nuestras almas. Sí, tal vez vivamos días buenos y quizás hasta un día perfecto esporádico. Pero nuestras almas anhelantes jamás descubrirán satisfacción verdadera hasta que nos volvamos a Él. Y siempre que intentamos encontrar satisfacción en otro lugar, nos exponemos a un mundo de inutilidad y frustración.

LA FÁBRICA DE ÍDOLOS

En mi primer viaje a Kolkata, India, visité un santuario llamado el Templo Kali. Miles de hindúes en Kolkata hacen cola todos los días para orar a la diosa Kali. La adoran con la esperanza de recibir poder, victoria y sanidad en ciertas áreas de sus vidas.

Algunas de sus maneras de adorar me asombraron. No hace muchos años atrás, el sacrificio de niños era común. Hoy, entre cien a ciento cincuenta cabras son sacrificadas cada día en el Templo Kali. Existe la creencia de que una alberca, justo a las afueras del templo, posee poderes curativos. La gente paga para que alguien baje a sus familiares y amistades a las aguas turbias y estancadas. También hay un árbol con cintas rojas colgando por todas partes. Cuando pregunté sobre el árbol, me dijeron que las mujeres pagan por aquellas cintas rojas y luego las atan al árbol, mientras elevan una oración a Kali para que les permita tener hijos.

Me alejé de allí con una profunda sensación de tristeza y penumbra. ¿Cómo es posible que un grupo de personas sea atraído a una mentira tan ridícula? ¿Cómo es que no pueden darse cuenta que es solo un elaborado plan de un puñado de sacerdotes codiciosos para hacer dinero?

Pero, ¿sabes qué es igualmente ridículo? Que tú y yo creamos que un poco más de dinero nos va a hacer felices. Que tú y yo creamos que ascender una posición más en el trabajo nos va a dar valor.

Que tú y yo creamos que si tan solo podemos hacer que esa persona nos ame, tendremos seguridad.

Los ídolos, en otras palabras, no solo se encuentran en los templos paganos.

Verás, a mí en verdad no me preocupa que vayamos a adorar a un árbol. El problema real en nuestra cultura no es el resultado de ídolos físicos, lo que algunos llaman idolatría externa. De lo que tenemos que cuidarnos en nuestra cultura es de la idolatría interna. Ezequiel 14.3 lo describe así: «Estos líderes han levantado ídolos en su corazón».

¿Qué es un ídolo? Por tradición, lo definimos como cualquier cosa que —para nosotros—, es más importante que Dios. Pero he descubierto que la gente le resta importancia de buena gana a esa definición. Es fácil que nos engañemos pensando que, para nosotros, no hay nada más importante que Dios.

Entonces, definámosla así: Idolatría es cuando espero que algo, que no tiene el poder de Dios, me dé lo que solo Dios tiene el poder y la autoridad para darme.

Es cuando tomamos cosas que son buenas, como el éxito profesional, el amor, las posesiones materiales, y hasta la familia, y esperamos que nos provean lo que solo Dios nos puede dar.

Es cuando creemos en la promesa vacía de que esas cosas pueden darnos la trascendencia, la seguridad, la protección y la satisfacción que deseamos ardientemente.

Es cuando tenemos un antojo dado por Dios y tratamos de satisfacerlo con algo que no es Dios.

Juan Calvino lo expresó de forma estupenda: «El corazón humano es una constante fábrica de ídolos».[1] Estoy de acuerdo. Cuando reflexiono en mi vida, puedo notar un claro patrón de dependencia de cosas triviales para que me den lo que solo Dios me puede dar. Y los resultados no son nada lindos.

Entonces, definámosla así: Idolatría es cuando espero que algo, que no tiene el poder de Dios, me dé lo que solo Dios tiene el poder y la autoridad para darme.

Si soy completamente sincero contigo, hay noches, luego de que las luces se apagan y se disipa el ruido en mi vida, que estoy acostado en mi cama, consciente de un vacío interior. Y aunque vivo momentos, y hasta días, de lo que parece ser profunda satisfacción o paz reconfortante, esos sentimientos se disipan muy rápido. Corro y corro tras ellos, pero parecen tan efímeros como un sol que desaparece y, una vez más, regresa ese insistente vacío interior.

¿Lo has sentido también —ese insaciable anhelo que te tienta a sacrificar todo lo que tienes y todo lo que eres para ser un poco más hermosa, un poco más rico, un poco más poderoso y exitoso, un poco más seguro o con control, un poco más amada—, todo en este vano intento por sanar el vacío interior? Es muy fácil caer en la trampa de los «si al menos . . . »:

- Si fuera dueño de esto, me sentiría respetable.
- Si lograra eso, me sentiría importante.
- Si tuviera lo que ellos tienen, me sentiría feliz.
- Si ganara un poco más de dinero, por fin me sentiría satisfecho.
- Si obtuviera ese ascenso, me sentiría valorada.
- Si lograra que esa persona me amara . . . tendría seguridad.

Pero tarde o temprano descubrimos la desgarradora verdad de que no importa cuán hermosas o ricos o poderosos lleguemos a ser, nunca es suficiente.

C. S. Lewis escribe:

> La mayoría de las personas, si de verdad han aprendido a escudriñar sus corazones, saben que anhelan, y lo anhelan con intensidad, algo que no puede ser obtenido en este mundo. Existe todo tipo de cosas en este mundo que ofrecen dártelo, pero nunca cumplen a cabalidad lo que prometen.[2]

Podemos sacrificar todo por esas promesas, pero simplemente nos dejarán sintiéndonos usados, vacíos, deseando, anhelando. Nunca encontraremos en un ídolo lo que necesitamos.

Por desgracia, eso no evita que sigamos intentándolo.

LAS SALAS DE ESPERA DE LA VIDA

La Biblia está repleta de ejemplos de nuestra necesidad constante de asirnos a lo que sea para tratar de llenar nuestros profundos e inherentes anhelos de valor, trascendencia, aceptación, seguridad, amor y belleza. Uno de los primeros y mejores ejemplos se encuentra en Éxodo 32.

En ese momento, Dios acaba de liberar a su pueblo, los israelitas, de más de cuatrocientos años de cautiverio en manos de los egipcios. Finalmente se encaminaban a tener la vida que Dios había diseñado para ellos. Pero había un problema. Las cosas no estaban marchando tan rápido como ellos querían, por lo que se estaban impacientando. Su líder, Moisés, estaba ausente, y la impaciencia de ellos les llevó a actuar por su cuenta.

> Viendo el pueblo que Moisés tardaba en descender del monte, se acercaron entonces a Aarón, y le dijeron: Levántate, haznos dioses que vayan delante de nosotros; porque a este Moisés, el varón que nos sacó de la tierra de Egipto, no sabemos qué le haya acontecido. (v. 1)

Me parece importante señalar el catalizador para lo que ocurrió después. El factor instigador fue tener que esperar.

¿Detestas esperar? A la mayoría nos pasa. La espera nunca ha sido un pasatiempo popular y nuestra cultura lo empeora. Vivimos en la era de rápido esto y al instante lo otro, por eso tener que esperar por cualquier cosa es una enorme frustración. Hemos comenzado a creer que más rápido es siempre mejor. Hemos sido seducidos por palabras como *al instante* y *fácil*. Nos hemos vuelto adictos a lo rápido, dependientes de obtener lo que queremos cuando lo queremos.

¿Por qué detestamos tanto el tener que esperar? Existen muchas razones, pero me parece que una de las más importantes es que esperar nos hace sentir inútiles e impotentes. Lewis Smedes lo describe así: «Como criaturas que, por nosotros mismos, no podemos provocar lo que anhelamos, esperamos en la oscuridad por una llama que no podemos encender. Esperamos con temor por un final feliz que no podemos escribir. Esperamos por un "no todavía" que se siente como un "nunca"».[3]

Como quizás sepas, Moisés no estaba allí porque estaba recibiendo los Diez Mandamientos por parte de Dios. Aparentemente, estuvo lejos mucho más tiempo del que los hijos de Israel esperaban. Se sentían frustrados, vulnerables y desamparados en el desierto. Así que en su ausencia, el pueblo decidió que quería un dios distinto para adorar.

Cuando lo piensas bien, es asombroso lo rápido que surgió esta respuesta del ídolo. Apenas tres meses antes, Dios los había liberado de cuatrocientos años de cautiverio. Este Dios les había provisto:

- libertad cuando estuvieron cautivos;
- liberación cuando fueron perseguidos;
- alimento (maná) cuando tuvieron hambre;
- agua (de una roca) cuando tuvieron sed;
- dirección por medio de una nube durante el día;
- guía a través de una columna de fuego en la noche.

Pero no fue suficiente. Nada de eso fue suficiente para que continuaran adorando al Dios que había hecho todo eso. Al contrario, decidieron construir un ídolo, un becerro de oro y adorarlo.

¿Por qué lo hicieron? Me sospecho que fue porque Dios los estaba haciendo esperar y los hijos de Israel no pudieron resistir eso. Es importante resaltar esto porque, aparentemente, cuando la necesidad urgente se cruza con el deseo de control, se vuelve en verdad fácil comenzar a adorar a alguien o a algo que no es el Dios creador.

> Y Aarón les dijo: Apartad los zarcillos de oro que están en las orejas de vuestras mujeres, de vuestros hijos y de vuestras hijas, y

> traédmelos. Entonces todo el pueblo apartó los zarcillos de oro que tenían en sus orejas, y los trajeron a Aarón; y él los tomó de las manos de ellos, y le dio forma con buril, e hizo de ello un becerro de fundición. Entonces dijeron: Israel, estos son tus dioses, que te sacaron de la tierra de Egipto. (vv. 2-4)

Cuando Moisés bajó del Monte Sinaí con los Diez Mandamientos y vio lo que estaba ocurriendo, se enfureció tanto que tiró al pie del monte las dos tablas que Dios, en su nombre, había acabado de grabar.

Como estoy seguro que puedes recordar, el primer mandamiento era: «No tendrás dioses ajenos delante de mí» (Éxodo 20.3).

La primerísima ley del código moral más famoso en la historia del mundo tiene que ver con la trampa de la idolatría. Dios advierte a su pueblo que no adore a otros dioses. No esperes que nada salvo Dios te dé lo que solo Dios te puede dar.

¿Por qué tanta prominencia para este mandamiento? Me parece que Dios sabía algo no solo sobre el pueblo de Israel, sino también sobre ti y sobre mí.

Él sabe del vacío interior en nosotros. Él conoce acerca de ese dolor que nos persigue a cada uno de nosotros. Él sabe del anhelo de propósito, valor, trascendencia, aceptación, seguridad, amor y belleza que pulsa por nuestras venas y que no nos detendremos ante nada (incluyendo la edificación de nuestros propios becerros de oro) para satisfacer esos anhelos.

No olvides, Dios lo sabe porque puso allí esos anhelos para que nos dirigieran a él. Y nos dio ese mandamiento para evitarnos la angustia de las promesas vacías.

Más aun, pienso que este mandamiento tuvo prominencia porque es casi imposible para nosotros seguir y obedecer los otros nueve si no cumplimos este primero.

«No tendrás dioses ajenos delante de mí».

Solo piénsalo: tu respuesta a estas siete palabras influye todos los aspectos de tu vida. La idolatría no es solo un pecado. Es lo que, fundamentalmente, está mal con el corazón humano.

AGOTADAS

He convertido en una práctica el observar los ojos de la gente. De la persona con la que me cruzo en el pasillo del supermercado, la que está detrás del mostrador en la estación de gasolina, la que me pasa a prisa por el lado en la calle.

La idolatría no es solo un pecado. Es lo que, fundamentalmente, está mal con el corazón humano.

¿Sabes qué es lo que veo con más frecuencia? ¿Acaso es alegría, vida, amor, energía?

No, lo que veo más a menudo es agotamiento.

Solo mira a las personas a tu alrededor, a la gente con quien vives, trabajas o te acompañan por la vida. También lo verás. Están exhaustas, agotadas, ausentes. Puede parecer que tienen todo bajo control, pero debajo de la superficie todo se está desmoronando.

En la iglesia que he tenido la bendición de pastorear por los pasados nueve años hay muchas personas solteras. Yo nunca fui, en realidad, un adulto soltero. Comencé a salir con Brandi cuando yo tenía diecinueve años y nos casamos a los veintiuno. Así que, básicamente, pasé de ser adolescente a hombre casado. Pero luego de pasar mucho tiempo con adultos solteros, sé que enfrentan una presión inmensa.

Hace poco comencé a reunirme con Kara, una joven que está bastante involucrada con nuestra iglesia. No sé su edad exacta, pero puedo calcular que está cerca de los veintisiete años. Cuando se presentó a nuestra primera cita, de inmediato fue evidente para mí que había pasado por algún tipo de experiencia terrible. Podías ver el dolor en su rostro.

Kara comenzó a contarme que el muchacho con el que había estado saliendo durante algunos meses acababa de terminar la relación. Estaba angustiada con el rompimiento. Sin parar de llorar, repetía una y otra vez: «Estoy tan cansada de esto. Estoy tan cansada. ¿Por qué no puedo encontrar a alguien que me ame? ¿Por qué no puedo tener una relación como todo el mundo? ¿Por qué sigo cometiendo los mismos errores una y otra vez? Estoy cansadísima de esto».

Luego de varias sesiones, comenzamos a hablar a fondo sobre el por qué Kara necesitaba un hombre. No era simplemente porque se sintiera sola. Para ella, tener un novio no solo le daba valor personal, sino también cierto estatus. La hacía sentir «alguien». El problema era que Kara no parecía encontrar lo que anhelaba con tanta urgencia.

Durante los pasados dos años, había mantenido relaciones románticas con no menos de una docena de hombres. Ninguna de esas relaciones había marchado de la manera en que ella deseaba, a pesar de sus intentos por convertirse en todo lo que esos hombres quisieron que ella fuera. Se vistió para complacerlos, organizó su horario en base al de ellos, se sometió a los deseos de ellos. También tuvo relaciones sexuales con la mayoría de esos hombres, lo que provocó que se sintiera más usada, culpable y traicionada.

Recuerdo haberla mirado una vez a los ojos y decirle: «Kara, no creo que hayas sido diseñada para entregarte de la manera en que lo haces. Si bien es cierto que fuiste diseñada para las relaciones interpersonales y la compañía —todos lo somos—, no creo que lo hayas sido para encontrar tu propósito y valor en ningún hombre. Es posible que existan muchas razones para que no sientas que estás prosperando actualmente pero, ¿has considerado que tal vez tu problema real puede ser la idolatría, que estás buscando a un hombre para que te dé lo que solo Dios puede darte?»

No es sorpresa que Kara se haya sentido exhausta, pues eso es lo que hace la idolatría: te desgasta por completo. Los ídolos no tienen la capacidad de soplar vida en ti, así que todo lo que hacen es quitar, quitar y quitar.

De la misma manera en que las mujeres en India daban el poco dinero que poseían con la esperanza de salir embarazadas, solo para al final sentirse defraudadas, así darás tu dinero, tu tiempo y tus energías, tu corazón y tus pasiones, esperando que al final alguno de tus ídolos cumpla lo prometido.

Pero como la idolatría es esperar que algo que no es Dios te dé lo que solo este puede darte, terminas dependiendo de ti mismo y de tus esfuerzos para producir algo que solo Dios puede producir. En esencia, estás jugando a ser Dios y eso es agotador.

Para complicar más el asunto, hoy muchísimos de los ídolos —las promesas vacías— en nuestra cultura implican desempeño. Y este es también bastante agotador. Piensa en tu vida. ¿Estás cansado(a) de:

- tratar de mantener la casa perfecta?
- esforzarte por tener el matrimonio perfecto?
- pretender que tienes todo bajo control?
- sentir la presión de lucir como que acabas de salir de las páginas de una revista?
- luchar por criar hijos perfectos que sobresalen académica y socialmente y que pueden batear por encima de la cerca cuando juegan pelota?
- trabajar para ganar más dinero que todas las personas en tu círculo de amistades?
- intentar ascender más rápido que el compañero que te está pisando los talones?

¿Sientes el agotamiento de todas las promesas vacías que te dejan anhelando mucho más? Este estilo de vida marcado por el desempeño es solo otra forma de *idolatría*, y a la larga te dejará exhausto, amargado y listo para rendirte.

Sin embargo, quiero que leas estas palabras poderosas y sanadoras de Jesús. Mientras las recorres con tu mirada, oro para que tu corazón las absorba. Jesús dijo:

> Venid a mí todos los que estáis trabajados y cargados, y yo os haré descansar. Llevad mi yugo sobre vosotros, y aprended de mí, que soy manso y humilde de corazón; y hallaréis descanso para vuestras almas; porque mi yugo es fácil, y ligera mi carga. (Mateo 11.28-30)

¿Estás cansado de esforzarte tanto?
¿Cansado del desempeño constante?

¿Cansado de tratar de ser alguien que no eres?

¿Y qué si hubiera otra forma? ¿Una forma que te ofrece vida en lugar de inducir estrés?

¿Sabes? Creo que Dios no se ha rendido contigo. En efecto, él está poderosamente presente en tu vida, aun cuando pueda parecer ausente. Él se reveló a sí mismo a través de un hombre, Jesús, que vino a la tierra para enseñarnos cómo vivir y luego murió por nuestros pecados. Con su resurrección, nos dio la esperanza de que podemos experimentar el cumplimiento de nuestros anhelos de veras.

Jesús está siempre invitando a la gente a renunciar a sus ídolos y a seguirle a él. Él y solo él es merecedor de nuestra absoluta devoción. Solo él tiene la autoridad para perdonar todos nuestros pecados. Solo él tiene la sabiduría para guiar nuestras vidas. Solo él nos revivifica en lugar de agotarnos; nos da paz en lugar de ponernos ansiosos. Solo él tiene el poder para llenar ese constante vacío interior que todos experimentamos y dar propósito a cada día que él se place en regalarnos.

CAPÍTULO DOS
LA VIDA ALERTA

Lindsey es una mujer fuerte, a la que parece que todo le va bien . . . tiene una familia maravillosa, un buen trabajo y Dios la ha rodeado de una multitud de personas que la apoyan y la quieren. Ella ha sido amiga de nuestra familia durante casi una década.

En un día de marzo, inusualmente frío y ventoso, me encontré con ella para tomarnos un café. Le pedí que nos viéramos porque estaba algo preocupado por ella. Llámale instinto pastoral o corazonada, pero cuando la saludé en la iglesia el domingo anterior, pude notar que algo no andaba bien. Esa es una de las bellezas y a veces molestas realidades de tener cerca a amigos de mucho tiempo. Ellos pueden captar cosas que un simple conocido no notaría.

Luego de sentarnos en un café local, pronuncié el tradicional: «No tienes que decirme nada si no lo deseas. Simplemente quería saber de ti. ¿Está todo bien?» Pero ni siquiera pude terminar. Antes de tomar el primer sorbo de café, Lindsey se expresó. Fue casi como si tuviera todas sus emociones a punto de ebullición y hubiera estado muriéndose porque alguien le preguntara.

«No sé qué me está pasando, Pete», me dijo. «Al principio pensé que era depresión y luego, tal vez la crisis de los cuarenta, pero simplemente tengo una constante sensación de infelicidad. Pasé los primeros veinte años de mi vida soñando con lo que pensé que deseaba en la vida y estuve los siguientes veinte haciendo realidad ese sueño. Tengo el matrimonio y la familia que pensé que deseaba, la casa que pensé que quería y la carrera que pensé que anhelaba. Lo he alcanzado todo, pero nada de eso ha satisfecho mis expectativas. Pensé que alcanzar esas cosas me haría sentir satisfecha. Así que he estado corriendo, corriendo y corriendo, tratando de alcanzar mis metas. Pero ahora que las he alcanzado, siento que necesito seguir corriendo porque no tengo satisfacción. Ya no sé cuál es el significado de todo esto».

Me gustaría poder decir que era la primera vez que escuchaba palabras como esas, pero no lo era. Difícilmente pasa una semana sin que escuche estos sentimientos una y otra vez.

Pasé la siguiente hora y media tratando de ayudar a Lindsey a mirar detrás de la cortina de su vida. Como muchos de nosotros, ella había estado «haciendo todo como es debido», persiguiendo aquello que pensaba que, al final, le daría significado, propósito y satisfacción. Lo que necesitaba era hacer una pausa y comenzar a examinar *por qué* estaba persiguiendo esas cosas.

AL ACECHO BAJO LA SUPERFICIE

Verás, la pregunta con la que estamos lidiando en este libro no es: «¿Tienes ídolos?» Ya hemos determinado que el corazón es una fábrica de ídolos. La pregunta real para todos nosotros es: «¿Cuál ídolo es el principal rival de Dios en tu vida?»

Hace algunos años, me encontré en una situación no muy distinta a la de Lindsey. Creo que si soy sincero, me ha pasado varias veces a lo largo de mi vida adulta. En este caso particular, descubrí que me había estado engañando de muchas maneras, tratando de convencerme de que podía encontrar valor propio en varias promesas vacías.

En un intento por encontrar el por qué me sentía tan vacío, comencé a prestar más atención a lo que estaba ocurriendo en mi interior. Prestar atención o examinar mi vida me obliga a encarar las preguntas que ya no puedo mantener en silencio. Me vi obligado a enfrentar cara a cara lo que estaba al acecho en los niveles más profundos de mi alma.

Las preguntas que ya no podía ignorar eran:

- ¿Por qué sigo diciendo que sí a los demás, aun cuando he llegado a mis límites y estoy lastimando a las personas más cercanas a mí?
- ¿Por qué sigo luchando con demostrarle amor a mi esposa de manera coherente, tal como debo hacerlo?
- ¿Por qué mis emociones se afectan más por la cantidad de personas que asiste a la iglesia que por solo estar en la amorosa presencia de nuestro Dios?
- ¿Por qué me sigo esforzando por encontrar mi identidad en cosas como la aceptación, el poder y el dinero, en lugar de en quién Dios dice que yo soy?

Cada una de las preguntas que vino a mi mente revelaba otro nivel de autoengaño en mi vida. Revelaba otra promesa vacía que estaba persiguiendo.

La Biblia habla de forma bastante frecuente sobre esta idea del autoengaño. Por ejemplo, Abdías 1.3 dice: «La soberbia de tu corazón te ha engañado». Proverbios 14.12 nos advierte:

> *Hay camino que al hombre le parece derecho;*
> *Pero su fin es camino de muerte.*

El asunto es que cada ser humano tiene una capacidad asombrosa para el autoengaño. No es ninguna sorpresa que nos dejemos engañar una y otra vez por esas promesas vacías.

El otro día estaba discutiendo con mi hijo de nueve años porque él quería salir, en pleno invierno, vistiendo pantalones cortos y una camiseta. Le dije:

> El asunto es que cada ser humano tiene una capacidad asombrosa para el autoengaño. No es ninguna sorpresa que nos dejemos engañar una y otra vez por esas promesas vacías.

—Jett, te vas a congelar allá fuera. Entra y ponte ropa.

Él me contestó:

—Papá, no hace tanto frío.

—Eso es lo que crees. He estado afuera toda la mañana y literalmente te puedes congelar.

Seguimos discutiendo unas cuantas veces y luego le dije: «¿Te acuerdas, hijo, el otro día que saliste a jugar fútbol y tuviste que entrar porque estaba miserablemente frío? Pues hoy está igual».

A pesar de mis claras advertencias y su reciente historia, Jett optó por salir casi sin ropa encima. No habían pasado ni diez minutos cuando lo escuché abrir la puerta de par en par y entrar corriendo.

Le pregunté:

—¿Te pasa algo?

Mientras subía las escaleras corriendo me respondió:

—Me voy a poner algo de ropa. ¡Hace un frío que pela afuera!

Tuve que reírme. Es ese tipo de autoengaño el que me ha metido en problemas una y otra vez con las promesas vacías.

A pesar de la sabiduría de la Palabra de Dios.

A pesar de las posibles advertencias de mis amistades.

A pesar de mi dolorosa historia.

De alguna manera, me convenzo a mí mismo de que *esta vez* voy a encontrar propósito si obtengo un poco más de poder o voy a encontrar trascendencia si alcanzo un poco más de popularidad.

AYÚDAME A CONOCERME

Aun estando consciente de nuestra capacidad para el autoengaño, ¿cómo asegurarnos de que no caeremos a menudo en esa trampa?

Con frecuencia, la gente mencionará el Salmo 139.23-24 para ilustrar la necesidad de autoexamen. El pasaje dice:

> *Examíname, oh Dios, y conoce mi corazón;*
> *Pruébame y conoce mis pensamientos;*
> *Y ve si hay en mí camino de perversidad,*
> *Y guíame en el camino eterno.*

Sin embargo, si regresas al principio del Salmo 139 descubrirás algo interesante. El salmo en realidad comienza reconociendo que Dios ya nos ha examinado:

> *Oh Jehová, tú me has examinado*
> *y conocido. (v. 1)*

Ruth Haley Barton dice que este versículo «puede señalar el hecho de que el asunto real con el autoexamen no es que estoy invitando a Dios a que me conozca (pues ya me conoce), sino que estoy invitando a Dios a que me *ayude a conocerme*».[1]

A medida que paso más y más tiempo a solas con Dios, tratando de llegar al fondo de las promesas vacías que he creído, he comenzado a orar: «Dios, ayúdame a conocerme. Ayúdame a derrumbar el andamio del poder, la adulación, el perfeccionismo y el desempeño que he usado para mantenerme a flote. Dame fuerzas para poder desnudarme y ser vulnerable en tu presencia, para estar dispuesto a ver las áreas de mi vida donde está haciendo tanta falta el que sea como Cristo».

«Dispuesto a ver» . . . eso es crucial. Porque la mayoría de nosotros somos expertos en escondernos de lo que no queremos conocer sobre nuestras propias vidas. Cuando mi segundo hijo, Gage, era apenas un niñito aprendiendo a caminar, le encantaba jugar a las escondidas. Lo que más le gustaba era la parte de esconderse, así que típicamente yo tenía que contar y buscarlo. Después de cubrirme el rostro con las manos y contar hasta veinte, salía a buscarlo por toda la casa, anunciando en voz alta cada paso que daba y cada lugar en que lo buscaba. Siempre que lo encontraba escondido detrás del sofá o debajo de la mesa, él cerraba los ojos muy rápido, lo más apretados posible, convencido de que si no podía verme, entonces yo tampoco podría verlo a él.

Con frecuencia jugamos el mismo juego con Dios. En nuestra versión de adultos de las escondidas, nos escondemos detrás de todo tipo de ruidos y distracciones. Nos levantamos por la mañana y encendemos el televisor, con la esperanza de que nos distraiga de tener que pensar. Nos subimos al coche y de inmediato encendemos la radio o el teléfono. Nuestro día estará lleno de conversaciones superficiales e insignificantes sobre el tiempo, la política o el más reciente chisme de la farándula.

En realidad, nos engañamos pensando que si no reconocemos las áreas en nuestra vida en las que hemos sido engañados por las promesas vacías, tal vez Dios tampoco las notará. Todos necesitamos con desesperación abrir nuestros ojos. No estamos engañando a nadie. Y si bien es cierto que la autoconciencia puede ser dolorosa, también puede ser el comienzo de la transformación.

¿Qué me responderías si te preguntara qué es lo más importante para ti? Muchas de las personas que conozco contestarían sin pensar: «Mi relación con Jesús». Insistirían en que Dios está justo en el centro de sus vidas. Sin embargo, un autoexamen cuidadoso podría revelar algo bastante distinto.

¿Te tomarías algunos minutos para vivir con las siguientes preguntas?

Pienso que al hacértelas, comenzarás a descubrir algunos de los ídolos ocultos que podrías tener en tu vida. Pregúntate con sinceridad:

- ¿Qué ocupa mi mente? ¿En qué paso mi tiempo soñando con los ojos abiertos?
- ¿De quién o de qué tiendo a estar celoso?
- ¿Qué hago la mayor parte de mi tiempo?
- ¿En qué gasto la mayor parte de mi dinero?

Lo que descubrirás muy pronto —como en mi caso— es que es fácil que nuestros corazones se alejen de Jesús y se acerquen a personas o cosas, pensando que nos darán lo que solo él puede darnos.

LA PERSECUCIÓN

Nunca olvidaré aquel largo día de verano entre mi segundo y tercer año de universidad. Comenzó como uno cualquiera. Brandi y yo éramos novios hacía poco más de un año y estábamos cuidando a sus primitos, que estaban de visita en la ciudad.

Los noticiarios habían estado reportando por varios días que el legendario *mariscal de campo* de la Liga Nacional de Fútbol (NFL, siglas en inglés), y estrella del cine, O. J. Simpson, era el posible sospechoso en el asesinato de su ex esposa. Luego ocurrió el hecho que cautivó la atención de la nación: O. J. manejando por la carretera interestatal en aquella infame camioneta Bronco blanca, con docenas de policías del departamento de Los Ángeles persiguiéndolo.

Brandi y yo mirábamos impresionados todo aquel suceso mientras ocurría en vivo en la televisión nacional. Recuerdo que movía mi cabeza de lado a lado pensando: «No es posible». ¿Cómo puede este tipo ser tan estúpido? Tiene dinero, fama y casi todo lo que una persona pudiera desear. ¿Cómo es posible que caiga tan vertiginosamente?

Y no fue solo O. J. Como mucha gente, nunca olvidaré dónde estaba y lo que estaba haciendo cuando escuché la noticia del fatal accidente automovilístico de la Princesa Diana, el accidente aéreo de John F. Kennedy, la sobredosis de Michael Jackson o el público final de los matrimonios de Tiger Woods y Arnold Schwarzenegger. Cada uno de esos acontecimientos me mantuvo pegado a la televisión, muy atento a cada reportaje que se transmitía. Todo el país parecía estar fascinado.

Tal vez existe una variedad de razones psicológicas profundas por las que hechos como esos captan nuestra atención, pero ciertamente una razón predominante es que cada una de esas personas

Lo cierto es que, todo el dinero, el talento, el atractivo y la popularidad del mundo no protegen a nadie de la estupidez del pecado. Y ninguna de esas cosas puede satisfacer el ardiente anhelo por tener más que lleva a las personas a creer en las falsas promesas.

parecía tenerlo todo: dinero, logros, posesiones, fama, poder. Sin lugar a dudas, esas cosas terribles no debieron ocurrirles a *ellas*. Y en verdad, si estuviéramos en sus zapatos, no complicaríamos las cosas de la manera en que ellos lo hicieron.

Lo cierto es que, todo el dinero, el talento, el atractivo y la popularidad del mundo no protegen a nadie de la estupidez del pecado. Y ninguna de esas cosas puede satisfacer el ardiente anhelo por tener más que lleva a las personas a creer en las falsas promesas.

Dallas Willard dice que una de las preguntas fundamentales que todo ser humano se hace es: «¿Quién está viviendo "la buena vida"?»[2] Y creo que nuestro eterno e insaciable interés en las celebridades tiene que ver, en gran medida, con esa interrogante.

Yo mismo tengo que hacerme esta pregunta: ¿Por qué estoy interesado en lo que Tiger Woods hace no solo en el campo de golf, sino también en su vida privada? ¿Por qué me atrae comprar la revista *People* o ver el programa de farándula *E!* para enterarme del chisme más reciente? Creo que me atrae ese tipo de información porque hay una parte en mí que piensa que esas personas están disfrutando la vida que siempre he deseado. La vida que una parte de mí cree que es la mejor.

¿Nací con el deseo de tener ese tipo de estilo de vida? Seguro que no. Mi visión de vivir como los ricos y famosos se ha formado en mí con el paso del tiempo, ha cobrado forma como resultado de la cultura en la que vivo. Los medios de comunicación y la publicidad han definido la buena vida en términos de acceso a buenos coches, casas enormes, cuerpos fabulosos, fama excesivamente inflada, independencia absoluta y una inmensa cantidad de seguidores. Y aunque en cierta medida sé que eso no es así, se me hace difícil escapar de esos mensajes que me han bombardeado, sobre todo cuando estoy viendo la noticia de los ricos y famosos.

Sin duda alguna esto es innegable para la mayoría de nosotros. Hasta cierto punto, estamos convencidos de que las celebridades son las que viven la buena vida. Y nos sentimos fascinados, quizás hasta atraídos hacia ellas, porque tienen la vida que no podemos evitar desear. En cierta medida, las celebridades son nuestros nuevos dioses. Nos gusta fantasear con la idea de que nuestras vidas pueden llegar a ser como las de ellas... porque así nosotros también seremos atractivos, deseables, talentosos e inmensamente ricos. Aunque tal vez vivamos bajo la presión entre el anhelo de obtener esas cosas y el de ser buenas personas, es inevitable que iremos tras la vida que pensamos que es deseable. Perseguiremos lo que decidamos en nuestra mente que es la buena vida.

El problema es que cuando en verdad llegamos allí y alcanzamos esa llamada buena vida, descubrimos —de la misma manera en que muchas celebridades lo han hecho— que no es nada más que promesas vacías que, en el mejor de los casos, nos dejan deseando más.

LA TRAMPA DE LA HORMIGA

Mientras escribo estas líneas, estoy observando una hilera de hormigas marchando debajo de mi escritorio. Durante los pasados días, esas molestosas criaturas han invadido nuestra casa. En verdad no entiendo por qué, pero me sacan de quicio.

Tan pronto notó su llegada, Brandi sugirió que llamáramos a un fumigador. Eso pareció bien hasta que me di cuenta de cuánto costaría traer a alguien para que resolviera nuestro problema con las hormigas. Así que, muy «a lo macho», le prometí que encontraría una solución.

Un viaje a la ferretería me equipó con un producto maravilloso. Las instrucciones parecían lo suficientemente sencillas. Todo lo que tenía que hacer era chorrear un poco de gelatina en un pedacito de cartón y colocarlo donde hubiera visto las hormigas. La gelatina contiene algo que las atrae; las hormigas se la comen y la llevan a su nido, donde se la ofrecen a sus amigas. Y una vez que la gelatina les sabe bien a las hormigas, las envenena.

Justo ahora estoy viendo cientos y cientos de hormigas alineadas en una sola fila en el piso de mi casa. Las pequeñas criaturas están subiéndose una encima de la otra para saborear ese producto sabroso y venenoso. Es una maravilla observarlas. No tienen idea de que su persecución las llevará a su defunción.

Qué maravilloso cuadro de la manera en que muchos de nosotros vivimos en la cultura de hoy. Estamos formando una fila de miles de personas en pos de lo que hemos sido convencidos que es la buena vida. Y aunque eso que perseguimos se ve muy bien, se siente o sabe bien, también envenena nuestras almas.

¿Cuál es la alternativa? Una posibilidad, supongo, es deshacernos de nuestros deseos. Ese es uno de los principios fundamentales del budismo: intentar llegar a un punto en el que simplemente no deseas nada. Pero si bien es cierto que nuestros anhelos pueden enfermarnos y que obtener lo que creemos que deseamos puede ser perjudicial para nosotros, la idea de eliminar el anhelo es problemática para mí.

¿Por qué? En primer lugar, creo que es imposible. Muchos de esos anhelos están arraigados en mí; no podría deshacerme de ellos aunque quisiera hacerlo. Pero más importante, como ya he mencionado, creo que nuestros anhelos están en nosotros por una razón. Cierto, si no se observan, nos pueden llevar directo a las promesas vacías. Sin embargo, en el fondo, están ahí para llevarnos a Cristo, el único que puede realmente satisfacerlos. Como escribe C. S. Lewis:

> Si consideramos las atrevidas promesas de retribución y la asombrosa naturaleza de las recompensas prometidas en los evangelios, pareciera que nuestro Señor encuentra que nuestros anhelos no son muy contundentes, sino demasiado endebles. Somos criaturas sin entusiasmo, matamos el tiempo con bebida, sexo y ambición, cuando se nos ha ofrecido un gozo infinito; como un niño ignorante que quiere hacer bolas de barro en una pocilga porque no

puede imaginar lo que significa la oferta de un día festivo en el mar. Somos complacidos muy fácilmente.[3]

Creo que nuestros anhelos están en nosotros por una razón. Cierto, si no se observan, nos pueden llevar directo a las promesas vacías. Sin embargo, en el fondo, están ahí para llevarnos a Cristo, el único que puede realmente satisfacerlos.

Con frecuencia, lo que pensamos que es la buena vida —en realidad— no lo es para nada. No es nada más que un espejismo. Es una ilusión, una trampa elaborada. Es una colección de promesas vacías. Pero eso no quiere decir que la buena vida no existe. Simplemente significa que tenemos que sensibilizarnos nosotros mismos a lo que en verdad es la buena vida; una que es mucho más dulce y gratificante que nada que siquiera podamos imaginar. Esa es la buena vida «que Dios ha preparado para los que le aman» (1 Corintios 2.9). La buena vida que requiere que escuchemos con mucha atención lo que de verdad anhelamos y que miremos más allá de las promesas vacías hacia aquel que puede satisfacer nuestros deseos más profundos.

Es mi oración que este libro sirva como una especie de invitación para que mires a lo profundo de tu propia vida. Oro para que hagas justo lo que le invité a hacer a mi amiga Lindsey aquel día en el café. La invité a prestar atención a su vida. Le pedí que despertara y que mirara profundamente en su alma para así revelar capa sobre capa su autoengaño, así como la verdad que yace debajo de ellas.

Y este es mi reto para ti también: que aprendas a estar consciente de:

- lo que estás diciendo;
- lo que estás haciendo;
- lo que estás pensando;
- cómo estás actuando;
- cuáles son tus motivos.

Si no, pasarás toda tu vida tratando de encontrar tu identidad y tu valor en las promesas vacías del atractivo, la aceptación, la riqueza y el poder.

Pero estos solo te dejarán con un gran vacío y anhelando más.

CAPÍTULO TRES
LA SEDUCCIÓN DEL LOGRO

Hace como seis meses recibí un claro mensaje de adverten-cia. Estaba sentado en mi escritorio, en la oficina de la casa, con mi rostro entre mis manos llorando sin control. Acababa de responder a un aluvión de emails que, una vez más, habían abarrotado mi buzón. Una revisión de las siguientes tres semanas en mi calendario de Outlook me había dejado sintiendo un fuerte dolor en el pecho. La presión de mi ajetreada vida profesional al fin estaba haciendo mella . . .

- la redacción de sermones;
- el mantenimiento de mi blog;
- el escribir libros;
- los viajes;
- las exigencias como líder;
- la consejería pastoral.

Nunca había experimentado un ataque de pánico, pero por primera vez en mi vida sentí que estaba teniendo uno y casi me muero del susto.

Permanecí sentado allí, aquel sábado en la mañana, rogando que mi familia no se despertara, bajara al primer nivel y me viera así. Oré y le confesé a Dios que no podía vivir más de aquella manera. Algo tenía que cambiar.

Sin darme cuenta, me había convertido en adicto a una droga cada vez más peligrosa en mi vida.

La droga de la productividad pública.

Adopté esta frase de una carta que leí justo después de mi desplome. Un muy reconocido y respetado pastor le confesó a su comunidad eclesiástica:

> Puedo ver distintos géneros de orgullo en mi alma que, aunque no me descalifican para el ministerio, sí me afligen y han causado estragos en mi relación con Liz y otras personas a las que amo mucho. ¿Cómo me disculpo con ustedes, no por una acción específica, sino por defectos continuos de carácter y sus efectos en todo el mundo? Se los digo ahora y seguro que tendré que repetirlo: lo siento mucho. Como no puedo señalar una acción en particular, simplemente les pido un espíritu de perdón; les ofrezco la mayor garantía posible de que no estoy haciendo las paces, sino la guerra, con mis pecados.
>
> Liz y yo estamos sólidos como la roca en nuestro compromiso mutuo, no existe ni el más mínimo atisbo de infidelidad en ninguno de los dos. Pero, como les dije a los ancianos, «sólido como una roca» no es siempre una metáfora emocionalmente satisfactoria, sobre todo para una mujer. Ni una roca es la mejor imagen de la tierna compañía de una dama. En otras palabras, el precioso jardín de mi hogar necesita ser atendido. Quiero decirle a Liz que es tan preciada para mí que, en este punto de nuestro peregrinaje de cuarenta y un años, la mejor manera en que puedo expresarlo es retirándome por una temporada de virtualmente todos mis compromisos públicos.[1]

Pero fue otra oración en aquella carta la que me estremeció. Él escribió: «En treinta años, nunca he desempuñado mi pasión por la productividad pública».

Sentí algo así como náusea en la boca del estómago cuando leí aquellas palabras porque, en muchas maneras, me describen.

Orientado al éxito.

Enfocado en el logro.

Decidido a ser reconocido como una persona que se distingue.

Dependiente de ese embriagador sentimiento de que estoy haciendo algo importante . . . sin importar el precio.

En demasiadas maneras, y en distintas etapas de mi vida, levantar una gran iglesia ha estado por encima de invertir en mi familia o cuidar de mi propia salud. He puesto el responder todos mis emails antes que pasar tiempo con Dios. Le he dado más importancia a predicar un buen sermón que someterme a Dios y dejar que en verdad me cambie.

¿Por qué lo hago? Como cualquier adicto, recibo una emoción intensa de mi conducta adictiva.

La productividad pública tiene algo simplemente estimulante. Me hace sentir fuerte, digno. Trae consigo aprobación y elogios, me puede mantener en acción como una corriente de adrenalina. Cuando trabajo quince horas en un día, con frecuencia experimento una sensación de logro. Me encantan las decisiones arriesgadas, escribir bajo presión y la emoción al natural del ministerio. La productividad pública puede ser emocionante. Estimula mi adrenalina y alimenta mi ego. (Esa es la razón por la que muchas personas terminan con un ego inflado y una familia desinflada.)

Claro, esta moneda tiene otra cara. Otra razón por la que sigo tratando es porque la idea de *no* ser públicamente productivo es en definitiva aterradora. Las recompensas del logro son efímeras. Las exigencias son constantes. La posibilidad de fracaso siempre amenaza . . . y siempre es impensable. Nunca siento que lo he logrado. Por lo tanto, me sigo esforzando, sigo tratando, sigo trabajando largas horas a expensas de mis relaciones, mi salud y hasta de mi alma.

Pero no soy el único en esto. Con frecuencia, veo esta tendencia en la gente que conozco:

- empleados que sacrifican sus relaciones para ascender la escalera corporativa;
- empresarios que invierten todo su tiempo y energía en edificar sus sueños;
- estudiantes obsesionados con sus calificaciones y premios;
- padres que hacen todo para levantar a la familia perfecta;
- artistas que harían cualquier cosa para alcanzar el estrellato;
- voluntarios que invierten largas horas en ayudar a otros (pero anhelan el reconocimiento por ello);
- pastores y otros obreros en la iglesia que se agotan en pos de la edificación de un ministerio público.

No cometas el error de pensar que solo los que están «en los negocios» y la gente de alta sociedad creen las falsas promesas de éxito, logro y productividad pública. La adición al logro puede y afecta a cualquiera. Y me parece que todos sabemos que una adicción a la productividad pública, al fin y al cabo, nos destruirá. No fuimos creados para encontrar nuestro valor simplemente en lo que hacemos.

No cometas el error de pensar que solo los que están «en los negocios» y la gente de alta sociedad creen las falsas promesas de éxito, logro y productividad pública. La adición al logro puede y afecta a cualquiera.

HAMBRE DE MÁS

Prácticamente se ha convertido en un cliché, pero no por eso deja de ser cierto: Dios creó «seres humanos» no «hacedores humanos». No obstante, el deseo de «hacer» —de crear, ascender, contribuir, soñar y arriesgar— es una parte dada por Dios de lo que significa ser seres humanos. Erwin McManus lo explicó así: «La razón por la que luchamos con la insignificancia, la razón por la que peleamos para lograr algo, la razón por la que aspiramos, soñamos y arriesgamos es que Dios nos creó con una necesidad intrínseca de llegar a ser».[2]

En verdad fuimos creados para hacer algo maravilloso con nuestras vidas. Pero para muchos de nosotros —si no para todos— hay algo más ocurriendo en lo profundo de nuestro corazón que va más allá de nuestro deseo de simplemente prosperar o distinguirnos. Cada uno de nosotros ha sido corrompido por lo que la Biblia llama pecado, así que comenzamos a buscar que el éxito y el logro nos den algo que solo Dios puede darnos. Así, el anhelo dado por Dios de llegar a ser se transforma en:

- No quiero solo tener un trabajo. Quiero el mejor.
- No deseo solo un título. Quiero uno que me distinga de los demás y me permita señorearme sobre ellos.
- No quiero simplemente criar hijos. Deseo tener unos hermosos y exitosos que me hagan sentir muy bien y que haga parecer inferiores a los tuyos.
- No quiero solo contribuir. Quiero hacerlo más que tú y que todo el mundo sepa que lo hice. Pero no quiero ser muy evidente en cuanto a que otros lo sepan, así que hallaré maneras sutiles que parezcan humildes, ¡para así verme todavía mejor!
- No deseo solo ganar. Quiero ganar sin que importe cómo. Es más, tengo que hacerlo para sentirme bien con respecto a mí mismo.

Y es aquí donde la adicción entra en acción. Así que mentimos, hacemos trampa, traicionamos y manipulamos. Chismeamos, trabajamos excesivamente, nos estresamos demasiado, nos medicamos en exceso . . . todo por nuestra dosis de elogio notorio por nuestra productividad pública.

¿Por qué? Porque el éxito y el logro se han convertido en dioses falsos. Y cuando nos arrodillamos ante el dios del éxito, inevitablemente nos montamos en la trotadora de intentar probar nuestra valía una, otra, otra y otra vez.

NINGUNA GANANCIA

El hombre más sabio que jamás haya vivido, Salomón, nos da una tremenda perspectiva de la frustración que trae consigo mirar al éxito para que te dé lo que solo Dios puede darte. Él escribió:

> Engrandecí mis obras, edifiqué para mí casas, planté para mí viñas; me hice huertos y jardines, y planté en ellos árboles de todo fruto. Me hice estanques de aguas, para regar de ellos el bosque donde crecían los árboles. Compré siervos y siervas, y tuve siervos nacidos en casa; también tuve posesión grande de vacas y de ovejas, más que todos los que fueron antes de mí en Jerusalén. Me amontoné también plata y oro, y tesoros preciados de reyes y de provincias; me hice de cantores y cantoras, de los deleites de los hijos de los hombres, y de toda clase de instrumentos de música. Y fui engrandecido y aumentado más que todos los que fueron antes de mí en Jerusalén; a más de esto, conservé conmigo mi sabiduría. (Eclesiastés 2.4-9)

¡Este es un currículo extraordinario! Claramente, Salomón lo logró todo. Tuvo más éxito que cualquiera antes que él. Pero todos esos logros no le trajeron la satisfacción que deseaba:

> No negué a mis ojos ninguna cosa que desearan, ni aparté mi corazón de placer alguno, porque mi corazón gozó de todo mi trabajo; y esta fue mi parte de toda mi faena. Miré yo luego todas las obras que habían hecho mis manos, y el trabajo que tomé para hacerlas; y he aquí, todo era vanidad y aflicción de espíritu, y sin provecho debajo del sol. (vv. 10-11)

¿Acaso algo de esto te parece conocido? Salomón había acumulado dinero, poder y logros: la versión bíblica de la oficina más grande, el salario más alto, el título más impresionante, el galardón público. Alcanzó el absoluto pináculo del éxito, lo que muchos de nosotros hemos deseado desde que tenemos uso de razón. Pero entonces descubrió que nada tenía sentido. Todo era absurdo. Sus logros no pudieron satisfacer sus profundas ansias de más.

Salomón no es el único que descubrió esa verdad. Madonna describe la seducción del éxito de esta manera:

> Tengo una voluntad de hierro toda ella siempre en pro de conquistar un horrible sentimiento de insuficiencia . . . Logro superar una racha de esas y descubro que soy un ser humano especial, entonces llego a otra etapa y pienso que soy mediocre, poco interesante . . . Lo que me impulsa en la vida proviene de ese terrible miedo a ser mediocre. Eso siempre me está empujando y empujando. Porque a pesar de que he llegado a ser alguien, aun así tengo que probar que lo *soy*. Mi lucha nunca ha terminado y quizás nunca terminará.[3]

Y tratar de conseguir tu valor propio externamente es como intentar llenar un lago usando un vaso. Nunca es suficiente. Por eso es tan adictivo.

Así es como te sientes cuando quedas atrapado en la adicción al logro. Tienes que demostrar tu valía otra, otra y otra vez.

En el caso de Salomón, parece que estaba alejándose de Dios más que acercándose a él. Trató de hallar sentido en todo, excepto en Dios, por eso el esfuerzo lo dejó vacío. Quedó atrapado en lo que llamo identidad basada en el éxito.

La identidad basada en el éxito es la suposición de que lo que haces determina quién eres. Tratas de controlar las opiniones y la aprobación de los demás a través de tu desempeño y permites que lo que ellos piensan de ti afecte lo que *tú* piensas de ti mismo. En otras palabras, tiendes a conseguir tu valor propio en lo externo. Y tratar de conseguir tu valor propio externamente es como intentar llenar un lago usando un vaso. Nunca es suficiente. Por eso es tan adictivo.

Es posible que ya estés convencido más allá de cualquier duda de que este es un ídolo con el que estás luchando. Pero quizás todavía no estás seguro, así que exploremos un poco más. ¿Cómo sabes si luchas con la idolatría en el área del éxito y el logro? Quiero llevarte a través de algunas características de personas que luchan con eso.

TRAMPA # 1: INTENTAS ALCANZAR EL ÉXITO SIN IMPORTAR LO QUE LES HAGA A LAS PERSONAS A TU ALREDEDOR

Con frecuencia, los que han permitido que el éxito y el logro lleguen a ser un ídolo se encargan de salirse con las suyas y terminar arriba como una manera de estimular su propio sentimiento de valor. Por desdicha, lo harán a expensas del valor de otros.

Los adictos al logro pueden ser despiadados o simplemente insensibles con los compañeros de trabajo, subordinados o clientes, y a veces lo hacen con la sencilla excusa de que es «solo negocio» o «no es nada personal». Reclamarán el crédito por proyectos, culparán a otros por los fracasos, harán maniobras para convertirse en el centro de atención y, tal vez, hasta manipularán la verdad.

Sin embargo, los sacrificios humanos reales de la adicción al logro son las relaciones personales, porque los adictos a los logros no son distintos a cualquier otra clase de adictos. Ellos mantendrán el matrimonio al margen por una «dosis» más. Ignorarán a sus amistades por una llamada más. Abandonarán emocionalmente a sus hijos por una noche más tratando de estar bajo el efecto de su droga o atarán a sus seres queridos para que les sirvan como personal de apoyo para esos proyectos que les abrirán camino.

Para empeorar las cosas aun más, es muy probable que se engañen a sí mismos con respecto a lo que están haciendo. No es para nada fuera de lo común que un adicto al logro alegue —y realmente crea— que «estoy haciendo todo esto por ti».

¿Podrías ser este un problema en tu vida? Tal vez ayude el hecho de que consideres lo siguiente:

- ¿Acaso las largas horas en la oficina u otros asuntos laborales son causa de conflicto continuo en tu matrimonio u otras relaciones?
- ¿Cancelas una cena, ir a la iglesia o un encuentro personal por lo menos una vez al mes porque «tienes que trabajar»?
- ¿Alguna vez te sorprendes excusando tu conducta con un «es solo negocio» o «no es nada personal» o «no estoy haciendo esto por *mí*»?

TRAMPA # 2: DEPENDES DE LA APROBACIÓN DE OTROS

Hace unos meses terminé un proyecto en el que había estado trabajando casi un año. Fue un gran logro, sinceramente debí haberme sentido bien por haberlo completado. Sin embargo, me quedé sentado allí, en mi escritorio, pensando en lo decepcionante que se sentía. ¿Por qué? Porque, en su mayoría, mi logro había pasado inadvertido. No había recibido mucha atención ni aplauso. Y ese hecho me dejó sintiéndome vacío.

Eso me recordó que para aquellos que luchamos con tratar de conseguir nuestro valor propio externamente, no es en realidad el logro lo que perseguimos. El *reconocimiento* del logro es nuestra droga adictiva.

Hablaré más sobre la adicción a la aprobación en un capítulo más adelante. Pero, por ahora, he aquí algunas preguntas que puedes plantearte:

- ¿Tienes con frecuencia la necesidad de ser notado o aprobado por otros para sentirte bien contigo mismo?
- ¿Te gusta alardear sobre la cantidad de horas que has estado trabajando?
- ¿Te causa estrés la manera de actuar de tus hijos en público porque quieres que otros piensen que eres un buen padre?

TRAMPA # 3: CONFUNDES QUIÉN ERES CON LO QUE HAS LOGRADO

Un domingo en la mañana, mientras me paseaba por el vestíbulo de Cross Point, la iglesia que pastoreo, un caballero se me acercó y me entregó una tarjeta de presentación. No es inusual que la gente se acerque y me entregue notas o tarjetas de presentación mientras salen del recinto, así que realmente no le di mucha importancia. Recuerdo haber mirado la tarjeta y notar el logotipo de una universidad de la comunidad, antes de guardarla en mi bolsillo.

Más tarde en la noche, mientras vaciaba todos mis bolsillos (dos ibuprofenos, tres gomas de mascar, catorce centavos, varias notas), me topé otra vez con la tarjeta de presentación. El nombre en la tarjeta era Jon Hanson. Aparentemente era cierto administrador en la universidad. Nada fuera de lo común. Pero entonces volteé la tarjeta y vi un mensaje alarmante, escrito todo en mayúsculas: «POR FAVOR, LLÁMEME. NECESITO AYUDA».

Era muy tarde para hacer algo aquella noche, así que me fui a acostar mientras pensaba en qué tipo de ayuda podría necesitar ese hombre. ¿Por qué situación estaba pasando que se aseguró de captar mi atención de esa manera?

Lo descubrí cuando lo llamé a la mañana siguiente. Estaba perdiendo su trabajo. La universidad para la que trabajaba iba a anunciar justo aquel día que lo estaba despidiendo.

Recuerdo haberle dicho lo mucho que lamentaba que estuviera pasando por eso y le aseguré que iba a estar orando por los siguientes pasos en su búsqueda de un nuevo empleo. A esto respondió: «No, pastor, no creo que entienda. No quiero otro empleo. Es más, ya no quiero vivir». Algo en su voz me hizo pensar que no estaba simplemente siendo dramático. Hablaba en serio.

«He dedicado toda mi vida a este trabajo», continuó. «Es todo para mí. He dejado a un lado el cultivar amistades o buscar una pareja para poder dar lo mejor de mí al trabajo. Toda mi vida gira alrededor de esto. Y soy realmente bueno en lo que hago. ¿Cómo pueden hacerme esto?»

¿Puedes ver lo que le estaba ocurriendo a Jon? Ciertamente era un suceso vital que ameritaba sentirse afligido, pero él se lamentaba por algo más que un suceso relevante. En su mente, estaba perdiendo más que su trabajo. Se estaba perdiendo a sí mismo. Jon había cometido el error que muchos cometemos hoy en nuestra cultura. Había confundido quién él era con lo que él hacía.

¿Luchas también con eso? ¿Estás seguro? He aquí algunas preguntas para que comiences a meditar al respecto:

- ¿Crees que si cometes errores, eres un fracasado?
- Cuando alguien critica tu desempeño en el trabajo, ¿tiendes a tomarlo de forma personal?
- Si mañana perdieras tu empleo, ¿perderías tu identidad?

TRAMPA # 4: TIENES LA NECESIDAD CONSTANTE DE ASCENDER UN ESCALÓN MÁS

El otro día un amigo pastor me admitió que no importaba los récords de asistencia que se rompieran en su iglesia, los números nunca eran suficientes para él. Su pasión más profunda no era traer almas a Cristo. Era ser reconocido por alcanzar una meta . . . y luego superarla.

Mary Bell, una consejera que trabaja con ejecutivos de alto desempeño en Houston, ha visto este fenómeno —y sus destructivas consecuencias— una y otra vez.

> El logro [dice Bell] es el alcohol de nuestros tiempos. Hoy, la gente prefiere no abusar del alcohol, abusan de sus vidas . . . «Eres exitoso, así que te ocurren cosas buenas», dice Bell. «Terminas un proyecto y te sientes como dinamita. Esa sensación no te dura para siempre, por lo que regresas a la normalidad. Piensas: "Tengo que comenzar un nuevo proyecto", lo que todavía es normal. Pero te fascina la sensación de euforia, así que tienes que alcanzarla otra vez. El problema es que no te puedes mantener en esa intensidad».[4]

Digamos, por ejemplo, que estás trabajando para hacer una venta importante en el trabajo y esta no ocurre. Tu autoestima está en riesgo porque has estado intentando conseguir tu valor propio externamente. Te sientes devastado por el fracaso, pero regresas y tratas con más ahínco la próxima vez. Ahora sí alcanzas la meta, pero si eres franco, la sensación de euforia no parece tan maravillosa. Puede que hayas cerrado una venta mucho más importante que la que perdiste, pero no te da la misma sensación de grandeza. Así que tratas con más ahínco . . . y más y más.

¿Es este tu problema? Trata de responder a estas preguntas:

- ¿Te sientes siempre insatisfecho independientemente de lo que logres en tu trabajo o en tu hogar?
- ¿Se te hace difícil celebrar tus logros porque ya has pasado al siguiente proyecto, tarea o misión?
- ¿Completar un proyecto o alcanzar una meta tiende a dejarte sintiéndote triste o hasta deprimido?

TRAMPA # 5: TE COMPARAS CON OTROS Y TE CUESTA ACEPTAR EL ÉXITO DE LOS DEMÁS

Las personas que buscan que el éxito les dé algo que solo Dios puede darles tienden a compararse a sí mismas con otros o caen fácilmente en la trampa de los celos y el resentimiento. Si luchas con esto, con frecuencia dirás (o pensarás) cosas como:

- «¿Por qué no tuve *yo* la oportunidad de almorzar con el jefe?»
- «¿Por qué le dieron a *ella* ese proyecto?»
- «¿Por qué *sus hijos* fueron aceptados en esa universidad?»
- «¿Por qué *él* puede asistir a esa conferencia y yo no?»
- «¿Por qué le dieron a *ella* ese aumento de sueldo? Yo trabajo más».

Desde este punto, es muy fácil llegar a:

- «Si la seleccionan a ella, necesito postularme para un puesto más alto».
- «Si le dan esa asignación a él, tengo que ofrecerme como voluntario para un proyecto de más prestigio».
- «Si los vecinos se fueron a Florida de vacaciones, tenemos que buscar el dinero para ir a Europa».
- «Si el amigo de Brandon tiene una casa inflable para saltar en su fiesta de cumpleaños, Brandon necesita otra más grande para la suya . . . y tal vez un poni».

¿Lo ves? Si toda tu vida gira alrededor de subir al escalón más alto y ser el mejor —el músico más popular, el representante de ventas que más vende, el mejor padre— es posible que no respondas bien a sentirte promedio y mirar a otros que han ascendido un escalón más alto que tú. Es posible que hasta llegues al cinismo y a la amargura, y trates de culpar a otros por lo que percibes como tus fracasos.

Hace unas semanas, luego de haber pasado una noche con un grupo de amigos (que incluyó comerme las alitas más picantes que jamás haya probado y jugar «Dutch Blitz», un nuevo juego de cartas al que estoy adicto), traje a colación una situación con otro pastor. La mayoría de mis amigos en aquel grupo lo conocían, así que me sentí lo suficientemente cómodo durante los siguientes cinco minutos «haciendo fiesta» con él, burlándome y dándole poca importancia a una situación por la que él estaba pasando. No transcurrió mucho tiempo antes de que mis amigos se unieran a mi «golpiza». Te confieso que sentí cierto placer escuchando cómo ellos hacían eco de mis burlas. Aquel fue el momento de la noche que más disfruté, pues acabaron conmigo en el juego de cartas.

Más tarde, cuando todo el mundo se fue, me quedé pensando acostado en la cama: «¿Por qué dije todas esas cosas? ¿Por qué sentí tanta euforia señalando y burlándome de los errores de otra persona?» Me sentí fatal. Pero también entendí por qué dije esas cosas. Por un corto período de tiempo, chismorrear y burlarse de los defectos de otra persona me había hecho sentir bien con respecto a los míos.

¿Por qué hacemos eso? ¿Por qué comparamos? ¿Por qué deleitarnos en las fallas de otros nos hace sentir bien en cuanto a nuestras propias situaciones?

En cierta manera, sentía celos del éxito o la influencia que el otro pastor tenía. Burlarme de sus logros fue una forma de hacer que los míos parecieran más espléndidos. Criticar a otros es simplemente una forma cobarde de autoalabanza que uso para, momentáneamente, inflar mi valor propio.

¿Luchas con esto? He aquí algunas preguntas que puedes hacerte:

- ¿Recurres regularmente al humor para hacer quedar mal a alguien solo para escuchar las risas de otros?
- ¿Te sorprendes criticando a otros solo para sentirte mejor contigo mismo?
- ¿Te comparas a menudo con otras personas?
- ¿Tiendes a envidiar los logros de otros más que celebrarlos?
- Cuando elogian o recompensan a un colega o socio, ¿te sientes usualmente contento . . . o de mal humor?

LOS MAYORES PERDEDORES

Tuve unas conversaciones subsiguientes con mi nuevo amigo Jon, que había perdido su empleo. A medida que pasaron las semanas y, a pesar de que el dolor del despido continuaba, comenzó a darse cuenta de cuánto había dependido de su carrera para alcanzar un sentimiento de satisfacción. Había comenzado a creer algo como esto: *Si me ven en el trabajo como alguien exitoso, entonces no me sentiré incompetente. No tendré miedo. No me faltará la confianza en mí mismo.* Seré *alguien.*

Esta es la lógica interna detrás de toda la adicción al logro. Los detalles tal vez varíen, pero la suposición subyacente es la misma: *necesitamos* el éxito para sentirnos satisfechos y que tenemos valor. No obstante, todo lo que acumulamos mientras ascendemos la escalera del éxito es más presión, miedo, ansiedad y hasta falta de confianza en nosotros mismos.

Lo que estamos persiguiendo simple y sencillamente no tiene la capacidad para darnos lo que en realidad necesitamos. Nuestros esfuerzos en perseguirlo pueden causar que sacrifiquemos lo que es más importante.

Lo que estamos persiguiendo simple y sencillamente no tiene la capacidad para darnos lo que en realidad necesitamos. Nuestros esfuerzos en perseguirlo pueden causar que sacrifiquemos lo que es más importante.

Jesús se enfocó en esta realidad cuando preguntó: «¿Qué aprovechará al hombre, si ganare todo el mundo, y perdiere su alma? ¿O qué recompensa dará el hombre por su alma?» (Mateo 16.26).

Jesús sabía que el éxito y los logros son solo algunas de las muchas cosas relucientes que tratan de captar nuestra atención aquí en la tierra. Ambas parecen valiosas. Ambas parecen gratificantes. Ambas afirman que pueden satisfacer los deseos de nuestros corazones, pero no pueden. Ni siquiera están cerca. No son nada excepto promesas vacías. La enorme mentira que puede costarnos todo.

Jesús está diciendo que las personas que pierden sus almas, aunque sea para ganar el mayor de los éxitos y logros, cierran un trato espantoso. Aquellos que caen atrapados en la adicción al logro pueden terminar como terribles perdedores.

IDENTIDAD BASADA EN POSICIÓN

Entonces, ¿cuál es la alternativa? ¿Cómo podemos liberarnos de una adicción a la productividad pública? ¿Cómo podemos responder a ese llamado interior por significado y propósito sin volvernos demasiado dependientes del éxito y del logro? ¿Cómo podemos obedecer el instinto que nos dio Dios para distinguirnos sin dejarnos engañar por las promesas vacías de más, más y más?

Como ya he dicho, esta es una constante batalla en mi propia vida. Pero mi meta en estos días —una que le propuse a Jon y que te propongo a ti también— es hacer una transición de una identidad basada en éxito a otra basada en posición.

¿Qué es una identidad basada en posición? Quiere decir que en lugar de conseguir nuestro valor propio externamente —por medio del logro— tratamos de recibirlo internamente. Comenzamos a entender que el valor propio proviene de lo que somos en Cristo, no de lo que alcancemos en este mundo.

¿Significa esto que no trabajamos arduamente, que no nos importan los resultados? ¿Quiere decir que no procuro ser una excelente mamá que se queda en casa o que no me esfuerzo por ganar el próximo juego de fútbol o escribir la siguiente canción famosa?

No, para nada. Simplemente significa que nuestra identidad no está involucrada en su totalidad en lo que logramos.

Hace unos pocos meses abordé el autobús turístico más espléndido y lujoso que jamás haya visto. En serio, si alguien me hubiera dicho que un autobús podía verse como aquel, me habría comprado uno hace años. ¿Quién necesita una casa cuando puedes tener algo así?

En aquel autobús conversé con una de las personas más exitosas en la industria de la música. Esa joven ha ganado casi todos los premios que pueden ganarse y ha roto muchísimos récords en su industria. Es un rotundo éxito. Pero también es blanco de una buena dosis de crítica. En algunos momentos, esa crítica es desconsiderada, injustificada y extremadamente vulgar. A pesar de sus logros, la crítica ha causado estragos en su espíritu.

Luego de escuchar su historia y darme cuenta de que, bajo sus circunstancias, realmente está lidiando bastante bien con la situación, le ofrecí este pensamiento: «¿Entiendes que eres más que la suma de tus talentos, verdad? Eres más que una voz maravillosa. Eres más que una función en la cima de las tablas de la popularidad. Eres más que una entrada que alguien compra. Eres un ser humano, un ser viviente, que respira y que Dios, con su pensamiento, creó. Tú le interesas a él».

Cuando me dirigía a mi hotel aquella noche, oraba para que aquellas palabras ahogaran las muchas voces que bombardeaban a la joven artista y penetraran en su corazón. Y oro para que también penetren en el tuyo en este momento.

Tú también eres más que tus talentos.

Eres más que el título que cuelga en la puerta de tu oficina o que la compañía de tu tarjeta de presentación.

Eres más que la apariencia de tu casa y que la manera de actuar de tus hijos.

Más que lo que lograste la semana o el mes pasado . . . más que cualquier cosa que puedas lograr durante toda tu vida.

Una vez que aceptas esta verdad, puedes comenzar a lidiar más objetivamente con cualquier circunstancia puesto que tu valor propio e identidad no son negociables.

La identidad basada en posición no se origina en tu desempeño ni en la evaluación que haga alguien de él. Antes bien, nace de cómo te sientes con respecto a tu posición en Cristo.

El Salmo 139 dice que «formidables, maravillosas son tus obras» (v. 14). El simple hecho de que estás aquí, de que existes, de que Dios te creó tal como eres, significa que eres alguien. Que importas. Que eres amado, atesorado, valorado. Y tu valor no es negociable, no importa si has alcanzado o no el éxito.

¿Qué tal si dejas este libro a un lado por un momento y simplemente le haces a Dios las siguientes preguntas?

- «¿Realmente me creaste?»
- «¿Me formaste antes de que hubiera respirado un hálito de vida?
- «¿Sabías desde antes que naciera que yo estaría leyendo este libro y hablando contigo en este momento?
- «¿Soy realmente importante para ti, tal y como soy?

¿Qué tal si fueras más allá de la comprensión informada de que Dios te creó y que te ama, y en su lugar te enfocaras en lo que esto significa?

No eres la suma de tus talentos. Dios no creó a una cantante. Dios no creó a un contable. Dios no creó a un predicador. No tienes

> No eres la suma de tus talentos. Dios no creó a una cantante. Dios no creó a un contable. Dios no creó a un predicador. No tienes ni más ni menos valor para Dios debido a tu posición en el trabajo, tu nivel fiscal o tu estatus social.

ni más ni menos valor para Dios debido a tu posición en el trabajo, tu nivel fiscal o tu estatus social. Aun si pierdes tu empleo o si tienes problemas en tu familia, aun si cometes un error, el amor de Dios por ti no flaquea. Tu valor ante sus ojos no disminuye.

Sí, has sido creado para hacer grandes cosas, y es maravilloso que trabajes con ahínco. Es una bendición usar tus dones y talentos. Pero tu valor propio no está basado en tus logros. Te sentirás oprimido si permites que cualquier cosa aparte de Cristo te defina. Siempre estarás corriendo sobre la trotadora del logro, siempre te perseguirá el pensamiento de que no estás haciendo lo suficiente, siempre irás tras tu «dosis» de productividad pública.

La Biblia enseña que tienes que arraigar tu identidad no en la que *tú* has logrado, sino en lo que ha sido logrado *para* ti. Juan 1.12 lo expone sucintamente: «Mas a todos los que le recibieron, a los que creen en su nombre, les dio potestad de ser hechos hijos de Dios».

¿Está tu identidad arraigada en la verdad de que *justo ahora* eres amado?

¿Crees que justo ahora eres aceptado, que justo ahora eres suficiente porque eres el hijo amado del Rey?

Basar tu identidad en esa realidad es la única manera de tratar la adicción al logro. Es la única forma de echar al suelo la escalera y destruir la trotadora del logro y el éxito. Porque si lo haces, tu vida estará arraigada en algo que no puede ser conmovido.

Y entonces serás libre para realmente distinguirte.

CAPÍTULO CUATRO
ADICTOS A LA APROBACIÓN

A los dieciocho meses de edad, Sean descubrió el mayor miedo para cualquier persona cuando su madre salió del apartamento donde vivían sin ninguna intención de regresar. Él y sus hermanos fueron descubiertos días más tarde abandonados, solos y hambrientos por una vecina que se dio cuenta de que algo no estaba bien y llamó al departamento de bomberos.

Aquel día, en Saint Louis, Missouri, comenzó para Sean una larga y agotadora jornada que incluiría entre nueve a diez hogares de crianza antes de que al fin fuera adoptado a la edad de cuatro años. Finalmente alguien lo quería. Finalmente alguien pensó que él merecía que lo amaran. Para esos niños que son acogidos por distintas familias, la adopción es un enorme sello de aprobación.

Excepto en el caso de Sean.

La pareja que lo adoptó, al fin y al cabo, tendría sus propios hijos y dos hijos adoptados. Pero Sean siempre sobresalió. Él me contó: «Yo siempre fui un niño con mucha energía. Me iba a la cama tarde en la noche y me levantaba temprano en la mañana. Era muy inquieto y bullicioso, y eso era demasiado para mis padres adoptivos. No tenían idea de cómo lidiar conmigo. Siempre quisieron que fuera como su primer hijo, mi hermano mayor, que era muy callado, educado y extremadamente atlético.

»Yo pensé que iban a devolverme al sistema público. Pero en lugar de eso, decidieron muy temprano que me domarían como a un caballo».

Durante los siguientes diez a doce años, la vida de Sean fue un infierno. No podía hacer nada bien. Su padre, sobre todo, no podía controlar su ira con él y lo maltrató física y mentalmente. El rechazo continuo fue demasiado para Sean, así que recurrió a la comida para aliviar su dolor. Él recuerda: «Escondía comida en mi clóset en la noche. Comía, comía y comía tratando de aplacar el dolor. Cuando mi estómago estaba lleno me sentía satisfecho, aunque fuera solo por unos momentos».

Cuando estaba en tercer año de escuela secundaria, Sean pesaba trescientas veinte libras (ciento cuarenta y cinco kilos).

Ya en la universidad, descubrió una relación con Dios y comenzó a entender lo que realmente eran la aceptación y el amor, pero todavía no había lidiado con las heridas de su niñez. Se casó a los veintiséis años; cuando tenía veintiocho, todavía usando la comida para intentar aliviar el dolor de no ser aceptado, Sean pesaba cuatrocientas setenta libras (doscientos trece kilos).

LA MONTAÑA RUSA EMOCIONAL

A lo largo de los años, he pasado cientos de horas aconsejando a individuos que viven un enorme colapso emocional porque alguien no

- les aprueba;
- les acepta;
- les afirma;
- les desea;
- se preocupaba por ellos;

- les aprecia;
- les ama.

No estoy hablando solo de hijos de crianza necesitados y maltratados como Sean. Algunos de los adultos más disfuncionales que he tratado crecieron en hogares donde les dieron casi todo: juguetes, atención, oportunidades. Lo que *no* recibieron fue una muestra de que eran valorados, apreciados y amados.

No todos recurren a la comida como Sean. Unos buscan alivio en el alcohol o las píldoras. Otros van de una relación a otra. Algunos, como ya he mencionado, caen en el engaño de las promesas vacías del éxito y el logro. He visto a personas atrapadas en patrones de conducta bastante devastadores y destructivos, y todo es tratando de encontrar esa esquiva aprobación de otro ser humano.

Hay algunas cosas a las que la gente les teme tanto como tememos ser indeseados, rechazados y estar solos. Es muy fácil llegar a pensar . . .

- *Si hubiera tenido el amor de ella . . .*
- *Si hubiera contado con la aceptación de mi jefe . . .*
- *Si solamente mi padre me hubiera valorado . . .*
- *. . . se arreglaría mi vida.*

Es muy fácil caer en la trampa de esperar que las relaciones le den significado a nuestra vida.

Y no es que haya algo malo con el deseo de tenerlas. De la misma manera en que hemos sido diseñados para buscar significado y propósito, también lo hemos sido para anhelar la cercanía emocional y física. Nuestra conexión con amistades, familia, colegas y la comunidad son cruciales para navegar por la vida exitosamente. Nuestro deseo de conocer, ser conocidos y aceptados por lo que somos no es una distorsión ni un anhelo pecaminoso.

Pero eso tiene otra cara. Soy un gran aficionado a la vida en comunidad. Creo en las relaciones. Con mucha frecuencia escribo y predico sobre lo importante y esencial que son nuestras conexiones con otras personas. Pero hoy quiero recordarte lo que la comunidad no puede hacer por nosotros. Como dice Henri Nouwen:

> Constantemente nos sentimos tentados a querer más de las personas que nos rodean que lo que ellas pueden darnos. Nos relacionamos con nuestros vecinos con la esperanza y la suposición de que son capaces de satisfacer nuestras necesidades más profundas, y luego nos sentimos desilusionados, enojados y frustrados cuando no lo hacen.[1]

Creo que la mayoría de nosotros entiende eso, por lo menos intelectualmente. Sabemos que cuando esperamos que otra persona nos

- complete;
- alivie el dolor;
- entienda completamente;
- sane;
- haga sentir bien con nosotros mismos;
- acompañe siempre;

estamos esperando algo que otro ser humano no puede darnos.

Pero nuestra soledad y quebrantamiento tal vez nos impulsen a esperarlo de todas maneras, nos ocurre muy a menudo. Tal vez hasta podemos caer en la trampa de adscribir a una persona o a un grupo todos los anhelos de significado y afirmación dados por Dios.

Esa es la trampa de la adicción a la aprobación.

El adicto necesita la dosis de droga.

El alcohólico necesita la copa.

Y los adictos a la aprobación dependen exclusivamente de otras personas para que les amen, se preocupen por ellas, les afirmen y les den significado.

Nuestra cultura da muchos nombres a este tipo de necesidad emocional y se manifiesta de maneras distintas. Algunas veces se le llama codependencia o adicción al amor. Puede estar enfocada en una persona («Te necesito») o dirigida a otras personas en general («Me encanta agradar a la gente»). Puede también duplicarse en otras disfunciones, tales como: la adicción a substancias nocivas, la adicción sexual o problemas familiares destructivos.

El adicto necesita la dosis de droga. El alcohólico necesita la copa. Y los adictos a la aprobación dependen exclusivamente de otras personas para que les amen, se preocupen por ellas, les afirmen y les den significado.

Sea como sea que se llame o como quiera que se manifieste, la adicción a la aprobación es el proceso de buscar que otras personas o relaciones provean el amor, la aceptación y la validación que debe venir de Dios.

Y eso, por supuesto, es idolatría.

Este tipo de idolatría genera interpretaciones inexactas de la vida. Distorsiona nuestro sentimiento y pensamiento escupiendo falsas definiciones de éxito y fracaso así como del amor y el valor propio. Y eso sencillamente nos desgasta, ya que vivir adicto a la aprobación es difícil y agotador.

Nos encontramos verificando constantemente para asegurarnos que hemos dicho lo correcto, hecho lo correcto y nos vemos de la manera correcta para así obtener la afirmación que tanto anhelamos. Nuestros sentimientos quedan atrapados en una montaña rusa emocional sin control. Oscilamos pasando de sentirnos maravillosamente bien luego de recibir nuestra «dosis», a la profunda desesperación que viene cuando nuestro «suministro» —la fuente humana de tu amor y aprobación— se retrae, se enoja, emite juicios o simplemente desaparece.

Y cuando ocurre lo inevitable —cuando la persona o la relación de la que estamos dependiendo nos falla— comenzamos a pensar cosas como:

- *No puedo hacer nada bien.*
- *Nadie se va a preocupar nunca por mí.*

- *Algo no está bien conmigo.*
- *No merezco que me amen.*
- *Nunca me van a perdonar esto.*
- *No merece la pena siquiera intentarlo.*

Este tipo de pensamiento nos puede transformar en personas demasiado necesitadas, exigentes o emocionalmente congeladas; absolutamente paralizadas por el miedo al rechazo. La autoestima llega a ser tan frágil que hasta la más leve crítica constructiva puede destruirnos en lo emocional. Estamos tan desesperados por ser amados y apoyados que no tenemos los recursos para amar ni afirmar a nadie más. Así que, irónicamente, esa sensación de realidad distorsionada puede, a la larga, destruir o deformar justo las mismas relaciones de las que dependemos.

EN LA BÚSQUEDA DE AMOR

La historia de Jacob, que comienza en Génesis 25, tiene que ser una de las más extrañas de toda la Biblia. Ella es una de las razones por las que sé que la Palabra de Dios es verdad. Si alguien se hubiera estado inventando este tipo de cosas, de ninguna manera habría incluido esa historia en la Biblia.

Jacob era hijo de Isaac y Rebeca. Su hermano gemelo, Esaú, había nacido minutos antes que él, por lo tanto Jacob era el menor de los dos. Por razones que van más allá de mi comprensión, Isaac favorecía evidentemente a Esaú, ese favoritismo creó una profunda herida en la vida de Jacob. En respuesta a ese rechazo, Jacob desarrolló un apego enfermizo a su madre, Rebeca.

Como Esaú era el mayor, le correspondía recibir una gran herencia de su padre, así como algo igualmente codiciado: una bendición especial. Pero un día, Jacob y su madre conspiraron para engañar a Isaac, que ya era anciano, para que le diera la bendición a Jacob. El plan de ellos resultó. Isaac, involuntariamente, le dio la bendición a Jacob. Esaú enfureció cuando se dio cuenta y juró que mataría a su hermano Jacob, por lo que este huyó.

¿Y pensabas que tu familia era todo un desastre?

En este punto, la vida de Jacob estaba en ruinas. Estaba huyendo por su vida, seguro de que no vería nunca más a su familia. Su hermano gemelo lo odiaba. Había perdido la herencia conseguida ilegalmente porque había tenido que huir. En estado de desesperación, Jacob viajó para vivir con su familia materna, específicamente con el hermano de ella, Labán. ¿Me sigues todavía? Continuemos con la historia según se narra en Génesis 29.

> Y Labán tenía dos hijas: el nombre de la mayor era Lea, y el nombre de la menor, Raquel. Y los ojos de Lea eran delicados, pero Raquel era de lindo semblante y de hermoso parecer. Y Jacob amó a Raquel, y dijo: Yo te serviré siete años por Raquel tu hija menor. Y Labán respondió: Mejor es que te la dé a ti, y no que la dé a otro hombre; quédate conmigo. Así sirvió Jacob por Raquel siete años; y le parecieron como pocos días, porque la amaba. (vv. 16-20)

Así que cuando Jacob llegó a la casa de su tío Labán, este descubrió que él tenía dos hijas. Según la Biblia, no yo, Lea era la mayor y la menos atractiva. Raquel, por su parte, «era de lindo semblante y de hermoso parecer». En otras palabras, Raquel era todo un encanto. Jacob se enamoró perdidamente de ella. Así que accedió a trabajar por siete años para su tío a fin de poder casarse con ella.

Ahora bien, los eruditos señalan que ese era un precio sin precedente por una novia. Era por lo menos cuatro veces el precio usual. Pero Jacob quedó tan prendado de Raquel que estuvo dispuesto a pagar lo que pidió Labán. Trabajó los siete años acordados y le dijo a Labán: «Dame mi mujer, porque mi tiempo se ha cumplido, para unirme a ella» (v. 21). Aun después de siete años, Jacob estaba sobrecogido con un gran anhelo emocional y sexual por aquella mujer.

Eso luce algo romántico . . . ¿un hombre dispuesto a esperar y a trabajar por la mujer amada? En nuestra cultura, ese tipo de historia es celebrada y tal vez hasta deseada. Haríamos una película de ella

(¡aunque en estos días transformaríamos a todos los personajes en pálidos y relucientes vampiros!).

Sin embargo, ¿puedes entender por qué Jacob estaba actuando de esa manera? Si lo piensas bien, estaba mostrando todas las señales de una adicción a la aprobación.

Su vida estaba vacía. Nunca había tenido el amor de su padre. Se había separado de su madre, con quien tenía una relación muy cercana. Sus acciones habían creado una pugna con su único hermano. Y, debido a las circunstancias, no tenía un conocimiento real del amor de Dios por él. En esencia, Jacob estaba solo y se sentía abandonado. Su esperanza era Raquel, así que depositó en ella todas sus necesidades y anhelos.

Si tuviera el amor de Raquel, pensaría, *me daría significado. Si tengo su aceptación, me sentiré «alguien» otra vez.* Jacob estaba dependiendo del amor y la aceptación de una persona para recibir lo que solo Dios podía darle. Y, como hemos visto, ningún ser humano es capaz de eso.

Si estás familiarizado con la historia, ya sabes lo que ocurre después. Labán engañó a Jacob y lo casó con la otra hija. Jacob se levantó a la mañana siguiente de la boda y se dio cuenta de que estaba acostado con Lea, la hija mayor, la menos atractiva. Tim Keller resume lo profundamente patético de este pasaje:

> Sabemos que a lo largo de toda la vida existe un motivo de desilusión cósmica . . . Jacob dijo: «Si tan solo logro alcanzar a Raquel, todo va a estar bien». Entonces se acuesta con quien cree que es Raquel, literalmente, el hebreo dice: «Venida la mañana, he aquí que era Lea» (Génesis 29.25). Un comentarista dijo sobre este versículo: «Esto es una miniatura de nuestra desilusión, experimentada desde el Edén en adelante». ¿Qué significa eso? Con todo el respeto a esta mujer . . . significa que no importa en qué ponemos nuestras esperanzas, en la mañana, *siempre es Lea, nunca Raquel.*[2]

No es ninguna sorpresa que Jacob estuviera enojado, desilusionado y herido. Había sido engañado por su tío. Se había casado con una joven a la que no amaba. Había trabajado siete años por una mujer a la que deseaba profundamente y aun así no la había conseguido.

Pero mira lo que Jacob hizo. Acordó trabajar siete años *adicionales* para Labán a fin de poder casarse también con Raquel.

Me parece que Jacob estaba haciendo exactamente lo que tú y yo hemos hecho una y otra vez a lo largo de nuestras vidas. Estaba usando el amor y la aceptación de otro ser humano —o la promesa de ese amor y esa aceptación— para medicar su dolor y alimentar su locura. A la larga, Jacob se casa con Raquel, pero su dependencia enfermiza de ella resulta en décadas de miseria y desastres en su linaje familiar.

LAS CONSECUENCIAS

¿Te pareces a Jacob? ¿Luchas con la tendencia a depender de otro ser humano para sentirte amado, deseado, aceptado y aprobado? ¿Tomarías el tiempo para evaluar tu vida francamente?

- ¿Te preocupas siempre por lo que otros pudieran estar pensando de ti?
- ¿Te abstienes de hacer muchas cosas debido a la posibilidad de que otras personas no lo aprueben?
- ¿Tiendes a repetir una y otra vez en tu cabeza las críticas que te hacen?
- ¿Sientes que tener a una persona especial en tu vida es crucial para tu felicidad? ¿Que eres de alguna manera «menos que . . . » si no tienes una relación seria?
- ¿Te causa muchísima ansiedad el pensar que una persona importante para ti podría estar molesta contigo?

Luego de años de observación casual, estoy totalmente convencido de que la mayor parte de la población sufre de distintos grados de adicción a la aprobación, algunos ni siquiera están conscientes de ello. Esa es una condición insoportable puesto que siempre habrá alguien que no le gustará ni aprobará algo de nosotros.

Ahora bien, puedes vivir, y hasta sobrevivir, persiguiendo esta promesa vacía, pero hay algunas cosas que casi puedo garantizarte que ocurrirán. Las personas que viven anhelando que el amor y la aprobación de otro individuo satisfagan sus más profundos deseos, están destinadas a tres cosas.

DESTINADAS A LA MEDIOCRIDAD

Los adictos a la aprobación están destinados a una vida de mediocridad porque siempre tienen que seguir a la multitud, justo lo opuesto al llamado que Cristo nos hace. Él insiste en que, por el contrario, lo sigamos a *él*, lo que algunas veces significa asumir riesgos, posturas impopulares, ir contra la corriente y hasta hacer enojar a otros. ¿Cómo puedes hacer eso si tu validación depende de otra gente? Cuando un adicto a la aprobación intenta liberarse y correr un riesgo, lo que típicamente ocurre es que la multitud le critica, hasta lo ataca, y presiona fuertemente hasta que el errante regresa al resto del grupo.

Cuando estudiaba en la universidad, sentí que Dios me llamaba a comenzar una iglesia. Tenía veintiún años y era el pastor de la juventud de una pequeña iglesia rural. Decidí renunciar a esa posición para seguir lo que sentía que Dios me estaba indicando que hiciera con mi vida. Pero una noche, luego de haber informado de mi intención — cuando aún estaba terminando con mi compromiso con la primera iglesia—, escuché una conversación entre dos diáconos. Me había quedado trabajando hasta tarde y pasé casualmente frente a la puerta de la biblioteca de la iglesia mientras me dirigía a la salida. Escuché mi nombre, así que decidí detenerme y escuchar. (Tal vez me equivoque, pero no creo que sea entremetimiento si escuchas que tu nombre ha sido mencionado.)

Los dos hombres estaban hablando sobre mi renuncia y mi deseo de comenzar una congregación. Claramente, pensaban que todo aquel asunto era una enorme broma. «¿Cómo es posible que este muchacho piense que realmente puede ser pastor? ¿Acaso cree que de verdad puede predicar? ¿Quién en su sano juicio va a seguir a un líder de veintiún años?»

> Si dependes de otras personas para que aprueben y apoyen todo lo que dices o haces, terminarás sin hacer ni decir nada. Terminarás esposado a la mediocridad.

Para nada creas que no me había hecho yo mismo aquellas preguntas. Pero escucharlas de dos hombres a los que admiraba fue devastador. Luché por no llorar y caminé hacia mi coche. Entré en él y oré: «Dios, estos hombres están en lo correcto. ¿Quién me creo que soy? No puedo hacer eso. Ellos lo saben. Yo lo sé. Todo el mundo lo sabe».

Aquella noche, sin embargo, sentí que Dios me reafirmaba que no estaba viviendo por la aprobación de otras personas. La meta de mi vida no era buscar la aprobación ni el permiso de todo el mundo, sino llevar la vida a la que Dios me estaba llamando.

Comenzar aquella iglesia cambió por completo la trayectoria de mi vida y mi fe en Dios. Hasta me siento agradecido por aquellos dos hombres en la biblioteca de la iglesia porque me enseñaron algo importante: si dependes de otras personas para que aprueben y apoyen todo lo que dices o haces, terminarás sin hacer ni decir nada. Terminarás esposado a la mediocridad.

DESTINADAS AL AGOTAMIENTO

Pocas cosas te agotarán más que intentar controlar tu imagen ante los ojos de la gente. No sé tú, pero definitivamente yo he caído en la trampa de preocuparme demasiado por lo que la gente piensa de mí. Invierto tanta energía proyectando, prediciendo y preguntándome qué impresión estoy causando, que pierdo de vista las preguntas realmente importantes: ¿Estoy haciendo lo que Dios quiso cuando me llamó y me diseñó?

Hace unos años, me encontré en una posición muy incómoda en la iglesia que ahora pastoreo en Nashville. La congregación estaba creciendo rápido y mis responsabilidades como pastor estaban cambiando. Ya no podía ministrar personalmente a todos los que llamaban «hogar» a Cross Point. Sin embargo, muy tercamente seguí tratando de cubrir todas las consejerías, las bodas, los mensajes y las reuniones. Ese itinerario me dejó tan agotado que me sobraban muy poco tiempo y energías para mi familia y mis amistades.

En aquel tiempo, pensaba que mis intentos por ser todo para todo el mundo nacían del anhelo de ser una persona amorosa. Hoy reflexiono en ello y me doy cuenta de que mi intención primordial no era ser amoroso, sino amado. Existe una enorme diferencia entre ambas cosas, ¿no crees?

Descubrí que si en realidad deseaba ser amoroso, necesitaba permitir que los otros pastores en nuestro equipo dieran un paso al frente y ministraran. Aquella fue una transición difícil puesto que durante años recibí gran parte de mi validación a través de las palmadas en la espalda de los miembros de la iglesia. Pero he aprendido gradualmente a atesorar lo que ocurre cuando me permito retroceder y depender de Dios en cuanto a mi validación. Más personas son servidas. Más personas disfrutan el gozo de usar sus dones en el ministerio. Mis relaciones importantes —con mi esposa, mis hijos, mis amistades íntimas y mi Dios— tienen espacio para crecer. Me siento con energías en lugar de sentirme agotado y desgastado. Y como estoy conectado a la Fuente de amor confiable, me siento más valorado y seguro.

DESTINADAS A LA DESILUSIÓN Y AL RECHAZO

La adicción a la aprobación es, en esencia, un acto de autoabandono. En lugar de hallar tu valor propio en tu Creador, fundamentalmente has dado tu corazón en adopción. Lo has entregado a otros a cambio de amor y aprobación, así les haces a ellos responsables de tus sentimientos.

El problema es que ningún ser humano en la tierra es capaz de cumplir con esa responsabilidad. Todo ser humano que encontrarás en tu camino es pecador. Todos tienen el potencial de desilusionarte, traicionarte y rechazarte, usualmente a causa de su propia necesidad. Aun aquellos que te aman bien y que no te decepcionan (mucho), al fin morirán y te dejarán. Depender de alguien que no sea Dios en cuanto a tu validación fundamental es simplemente exponerse a la desilusión.

Sin embargo, la idea de depender de Dios tal vez sea problemática para ti. Quizás estés diciendo: «Estás bromeando, ¿cierto? No puedo encontrar aceptación en los que me rodean, ni siquiera en personas como mis padres, que están obligadas a aceptarme, pero que tampoco lo hacen. ¿Y piensas que puedo encontrar aceptación en Dios? Evidentemente no conoces mucho de mi vida».

Tal vez eso sea cierto. Pero también pienso que tus dolorosas experiencias relacionales quizás te están alejando de lo que más necesitas. Lo mismo es cierto con respecto a tus sentimientos de culpa sobre lo que has hecho y tu vergüenza por lo que te han hecho a ti. Algunas personas viven con tanto de esto que, en un giro bastante irónico, se esconden de la única Persona que puede darles lo que tan desesperadamente necesitan.

Eso me recuerda el relato de Adán y Eva en el huerto de Edén. Cuando pecaron, ¿cuál fue su reacción? La primera reacción de ambos fue correr y esconderse de Dios. Todavía me asombra reconocer lo fuerte que es la tentación de esconder mi pecado y mi dolor, de Dios y de otros.

Actuamos como si a Dios le sorprendiera descubrir que cometemos errores, que nuestras vidas son mucho menos que perfectas. Él no está en el cielo retorciéndose las manos y diciendo: «¡Ah, no! ¡Cuando te creé, no tenía idea de

La adicción a la aprobación es, en esencia, un acto de autoabandono. En lugar de hallar tu valor propio en tu Creador, fundamentalmente has dado tu corazón en adopción. Lo has entregado a otros a cambio de amor y aprobación, así les haces a ellos responsables de tus sentimientos.

que actuarías de esta manera!» Tú no eres una sorpresa para él. Dios te conoce de pies a cabeza, tal como nos recuerda el Salmo 139:

Sabes cuándo me siento
y cuándo me levanto;
¡aunque esté lejos de ti,
me lees los pensamientos!
Sabes lo que hago
y lo que no hago;
¡no hay nada que no sepas!
Todavía no he dicho nada,
y tú ya sabes qué diré. (vv. 2-4, TLA*)*

¿Puedes notar lo que eso significa? A pesar de toda su precognición de nuestras debilidades y de los errores que cometeremos, aun así Dios nos escoge a propósito y nos lleva a una relación con él. El Señor no tiene problemas con nuestros defectos. Él está completamente equipado para tratar con ellos. Somos nosotros los que tenemos problemas con nuestros fracasos. Somos nosotros los que seguimos sufriendo a causa de nuestra culpa y nuestra vergüenza, en vez de aceptar el amor y la ayuda de Dios para tratar con nuestro pecado. Somos nosotros los que preferimos escondernos en vez de admitir ante nosotros mismos y cualquier otra persona que distamos mucho de ser perfectos.

Es posible que hayas cometido errores atroces y necesitas saber que Dios todavía te ama. Quizás hayan pecado cruelmente contra ti y necesitas la certeza de que Dios jamás te trataría de esa manera. No importa lo que haya pasado ni lo que pasará, la respuesta de Dios para ti es la misma. Eres de él. Él te ama. Él te acepta. Nunca perderás tu valor antes sus ojos.

Algunas veces, cometemos nuestras acciones más absurdas en respuesta a la falta de confianza en nuestra verdadera identidad. Cuando no sabemos quiénes somos o quiénes se supone que lleguemos a ser, tratamos de convertirnos en lo que no somos. Sin embargo, la Biblia nos asegura que nuestra posición exaltada en Cristo no es algo hipotético ni una meta que tenemos que alcanzar. Es un hecho ya logrado:

> Dios les dio nueva vida, pues los resucitó juntamente con Cristo. Por eso, dediquen toda su vida a hacer lo que a Dios le agrada. Piensen en las cosas del cielo, donde Cristo gobierna a la derecha de Dios. No piensen en las cosas de este mundo. Pues ustedes ya han muerto para el mundo, y ahora, por medio de Cristo, Dios les ha dado la vida verdadera. Cuando Cristo venga, también ustedes estarán con él y compartirán su gloriosa presencia. (Colosenses 3.1-4, TLA)

¿Entiendes las implicaciones de esto? Tu valor propio no está determinado por el amor ni la aceptación de nadie, excepto de Dios. El amor y la aceptación de Dios ya están garantizados. Si fijas tu mirada en él para alcanzar amor y aprobación, nunca serás rechazado.

ALIVIO

«Pastor Pete, me he acostado con docenas de compañeros de mi escuela secundaria». Esto no era precisamente lo que estaba esperando que saliera de los labios de la linda jovencita de dieciséis años con semblante inocente que estaba sentada en mi oficina.

No doy muchas consejerías a adolescentes, pero la mamá de Caroline es una amiga de mucho tiempo y, cuando me llamó, su desesperación era evidente. «Pete, no sé qué le está pasando a mi hija. Todo el tiempo está deprimida, sospecho que está experimentando con drogas. Desde que Stephen y yo nos divorciamos, ella ha estado en un espiral emocional. Caroline te conoce desde muy pequeña y creo que te escuchará. Por favor, ¿podrías hablar con ella?»

Con mi corazón en vilo, escuché la confesión de Caroline justo después de ella haber descrito el dolor y el vacío que había sentido desde que su padre, dos años antes, había dejado a su mamá. No fue fácil ver lo que estaba haciendo. Recibir la atención y el «amor» de los muchachos en la escuela era su forma de llenar el vacío dejado por su padre ausente. Era su manera de sentirse deseada y afirmada como mujer. Pero claro, entregarse una, otra y otra vez había solo producido más sentimientos de no ser deseada. No es de extrañar que hubiera comenzado a usar drogas. Caroline estaba tratando de escapar del dolor y la desilusión que las relaciones habían creado en su vida.

El problema es que ningún ser humano en la tierra es capaz de cumplir con esa responsabilidad.

Aquel día en mi oficina, decidí leerle a Caroline la historia de Jesús y la mujer en el pozo. Ya sea que lo reconozcamos o no, pienso que muchos de nosotros podemos identificarnos con la búsqueda de la mujer por ese esquivo amor de otra persona.

> Y le era necesario pasar por Samaria. Vino, pues, a una ciudad de Samaria llamada Sicar, junto a la heredad que Jacob dio a su hijo José. Y estaba allí el pozo de Jacob. Entonces Jesús, cansado del camino, se sentó así junto al pozo. Era como la hora sexta. Vino una mujer de Samaria a sacar agua; y Jesús le dijo: Dame de beber. Pues sus discípulos habían ido a la ciudad a comprar de comer. (Juan 4.4-8)

La hora del día es un hecho interesante en esta historia. Es sugestivo porque era muy raro que alguien fuera al pozo a buscar agua al mediodía, el momento más caliente del día. La mayoría de las personas iba a buscar agua durante la mañana o en la tarde, cuando está más fresco. Pero veremos en un segundo por qué exactamente esa mujer estaba allí bajo el sol ardiente.

> La mujer samaritana le dijo: ¿Cómo tú, siendo judío, me pides a mí de beber, que soy mujer samaritana? Porque judíos y samaritanos no se tratan entre sí. Respondió Jesús y le dijo: Si conocieras el don de Dios, y quién es el que te dice: Dame de beber; tú le pedirías, y él te daría agua viva. La mujer le dijo: Señor, no tienes con

> qué sacarla, y el pozo es hondo. ¿De dónde, pues, tienes el agua viva? ¿Acaso eres tú mayor que nuestro padre Jacob, que nos dio este pozo, del cual bebieron él, sus hijos y sus ganados? Respondió Jesús y le dijo: Cualquiera que bebiere de esta agua, volverá a tener sed; mas el que bebiere del agua que yo le daré, no tendrá sed jamás; sino que el agua que yo le daré será en él una fuente de agua que salte para vida eterna. La mujer le dijo: Señor, dame esa agua, para que no tenga yo sed, ni venga aquí a sacarla. (vv. 9-15)

En este punto, ya había captado su atención. Ella estaba interesada. Estaba buscando. Pero mira lo que Jesús hace después. Casi parece atípico en él.

> Jesús le dijo: Ve, llama a tu marido, y ven acá. Respondió la mujer y dijo: No tengo marido. Jesús le dijo: Bien has dicho: No tengo marido; porque cinco maridos has tenido, y el que ahora tienes no es tu marido; esto has dicho con verdad. (vv. 16-18)

Este era el mayor de los miedos de la mujer samaritana: que la expusieran de esa manera. Por eso estaba allí a aquella hora del día, cuando no había nadie más cerca. Ella estaba evitando. Estaba avergonzada y tenía miedo. Se estaba escondiendo.

Con toda sinceridad, no sabemos mucho acerca de esa mujer. Sin embargo, podemos asumir que cuando tenía diez años jamás soñó que su vida iba a terminar de esa forma. Jamás imaginó que terminaría brincando de un matrimonio a otro, tratando desesperadamente de encontrar aceptación, aprobación y un amor esquivo. Ella nunca pensó que se rendiría ante la falsa y vacía aceptación de vivir y acostarse con un hombre que no era su esposo. Su búsqueda de amor la había lastimado una, otra y otra vez.

En algún punto, muy probablemente, la mujer samaritana confundió el sexo con la aceptación . . . un error muy común en nuestra cultura hoy. Es el mismo error que estaba cometiendo Caroline. Tal vez tú también cometiste o estás cometiendo el error de entregarte sexualmente en busca de amor, brincando de una relación a otra con la esperanza de sentirte sana.

Permíteme contarte lo que le informé a Caroline aquel día luego de leerle esta historia. Le dije: «Caroline, yo sé que decirte que el sexo fue creado por Dios para ser disfrutado solo dentro de los límites del matrimonio luce como que estoy completamente desconectado de la cultura. Lo entiendo. En efecto, es posible que tengas razón. Tal vez sí estoy completamente desconectado de la cultura. Pero, ¿crees que también sea posible que tú estés completamente desconectada de tu alma?

»No fuiste creada para entregarte como lo estás haciendo. Eso no te va a ayudar a sanar la herida que tu papá infligió, ciertamente no te va a ayudar a encontrar la aceptación y la aprobación que tanto deseas».

Solo conozco una forma de encontrar alivio para la agobiante adicción a la aprobación, se encuentra en el amor y la aceptación incondicionales de nuestro Padre celestial. Como escribió Erwin McManus:

Solo conozco una forma de encontrar alivio para la agobiante adicción a la aprobación, se encuentra en el amor y la aceptación incondicionales de nuestro Padre celestial.

> Pasarás toda tu vida en distintas relaciones tratando de entender tu necesidad de amor, tus insuficiencias en el amor, tu desesperación por amor y en todo ese tiempo tal vez no veas las señales que te está enviando tu corazón, que estás buscando a Dios.[3]

Nuestro deseo de aprobación solo puede satisfacerse recibiendo la aceptación y la aprobación de Dios. A diferencia del amor humano, el de Dios jamás nos decepcionará. Este es un mensaje congruente en toda su Palabra:

- «Y Jehová va delante de ti; él estará contigo, no te dejará, ni te desamparará; no temas ni te intimides» (Deuteronomio 31.8).

- «Como aquel a quien consuela su madre, así os consolaré yo a vosotros» (Isaías 66.13).
- «Antes que te formase en el vientre te conocí, y antes que nacieses te santifiqué» (Jeremías 1.5).
- «Jehová se manifestó a mí hace ya mucho tiempo, diciendo: Con amor eterno te he amado; por tanto, te prolongué mi misericordia» (Jeremías 31.3).
- «Porque de tal manera amó Dios al mundo, que ha dado a su Hijo unigénito, para que todo aquel que en él cree, no se pierda, mas tenga vida eterna» (Juan 3.16).
- «Mas Dios muestra su amor para con nosotros, en que siendo aun pecadores, Cristo murió por nosotros» (Romanos 5.8).

Este es el amor y la aceptación que siempre hemos anhelado, la cura para nuestra adicción a la aprobación.

Es posible que te estés preguntando qué pasó con mi amigo Sean. Bueno, su historia tiene un final maravilloso. Consciente de que no podía permitir que los hábitos destructivos que había formado siguieran enmascarando el dolor debido al rechazo de sus padres, Sean decidió hacer algo al respecto.

Era una posibilidad remota, pero decidió hacer una audición para formar parte del popular programa televisivo *The Biggest Loser* [El mayor perdedor] de la cadena NBC. Y fue seleccionado entre las trescientos mil personas que intentaron formar parte del programa. Durante el programa, Sean perdió doscientas libras (noventa kilos). Y desde que terminó la grabación, ha perdido cincuenta libras (veintidós kilos) adicionales.

Sean me dijo: «Tomé la decisión de que dejaría de escuchar los susurros de las voces de mis padres diciéndome que yo no era lo suficientemente bueno y que nunca alcanzaría nada. Dejaría de prestar atención a las voces de personas que me menospreciaban o se burlaban porque yo era diferente. Al contrario, decidí escuchar la voz de Cristo. Es solo por él que, a fin de cuentas, estoy viviendo».

Es asombrosa la transformación que comienza a ocurrir en nuestras vidas cuando dejamos a un lado el ídolo del amor, la aceptación y la aprobación humanas. ¿Crees que puedes hacerlo? ¿Crees que puedes dejar de escuchar a aquellos que no pueden ni podrán darte lo que tú necesitas, y comenzar a escuchar y a apoyarte en aquel cuya aprobación importa realmente?

CAPÍTULO CINCO
LOS PELIGROS DEL PODER

No hace mucho tiempo, estaba tratando un asunto de la iglesia muy importante con nuestros ancianos. En nuestra grey hay seis ancianos a los cuales les rindo cuentas. Nuestro largo intercambio de emails durante toda una semana había resultado en una llamada en conferencia tarde aquella noche. Más o menos a la mitad de la llamada de dos horas, me di cuenta de que probablemente no iba a obtener los resultados que deseaba en el asunto que estábamos discutiendo. Yo mantenía unas opiniones muy firmes, pero los demás diferían. Recuerdo que con cada minuto que pasaba, me iba alterando más y más.

No se tomó ninguna decisión aquella noche, pero era evidente que las cosas no saldrían como yo quería. Colgué el teléfono y sentí un brote de furia subiéndome por el cuerpo. Estaba sentado en el escritorio en la oficina de mi casa y le di un fuerte manotazo con mi mano derecha. Luego, con mi mano izquierda, literalmente tiré al suelo todo lo que estaba sobre mi mesa de trabajo.

Casi de inmediato me sentí como un tonto por lo que había hecho. Así que me quedé allí, sentado en silencio, durante más o menos treinta minutos.

¿Por qué estaba tan disgustado?

¿Por qué estaba tan furioso?

A pesar de lo vergonzoso que es admitirlo, estaba experimentando lo que podrías llamar un «viaje» de poder. El resultado de la reunión fue un crudo recordatorio de que, tal vez, no tenía el poder y el control que yo pensaba.

En resumen: No pude salirme con la mía y tuve una rabieta.

¿Acaso no es esto típico en todos nuestros arranques? Queremos manejar a prisa y nos enojamos con los coches que bloquean nuestro carril. Queremos un ascenso y no lo obtenemos, por lo que comenzamos a detestar a la persona que lo recibe. Queremos casarnos y nos enojamos con Dios porque seguimos solteros. Y, especialmente, queremos ganar los premios de la vida por encima de todo el mundo.

En una ocasión, C. S. Lewis señaló que

> lo que llamamos «ambición» usualmente quiere decir que deseamos brillar más o ser más exitosos que otra persona. Lo que es dañino en esto es el elemento competitivo. Es perfectamente razonable querer bailar bien o verse bien. Pero cuando el deseo dominante es bailar mejor o verte mejor que los demás —cuando comienzas a sentir que si los demás bailaran tan bien como tú o se vieran tan bien como tú, entonces ya no sería divertido— quiere decir que algo no está bien.[1]

Muy cierto, ¿no te parece? En su peor expresión, el poder es un pecado de comparación.

No es suficiente ser un líder formidable. Tenemos que ser el *más formidable.*

No es suficiente tener (o ser) una esposa hermosa. Tenemos que tener (o ser) la *más hermosa.*

No es suficiente ascender la escalera corporativa. Tenemos que estar al tope de ella.

No es suficiente ser una buena mamá. Tienen que vernos como la mejor.

En su peor expresión, el poder es un pecado de comparación.

No es suficiente ser un buen pastor. Tenemos que ser reconocidos como el mejor.

Tenemos que vernos a nosotros mismos como mejores, como los que más nos merecemos algo, como los que más correctos estamos. Por eso muchos de nosotros nos dejamos engañar por la promesa vacía del poder y el control.

LA DROGA DEL PODER

No estoy muy seguro de que exista una droga más potente ni más adictiva que el poder. La detesto porque me ha provocado como una tentación la mayor parte de mi vida. La detesto porque he visto las vidas, los matrimonios y las carreras de muchos amigos terminar en la cuneta como resultado de sus promesas vacías. Para mí, parece más destructivo —y seductor— que casi cualquier otro ídolo.

Recientemente leí un artículo muy interesante sobre un hombre llamado Nick Binkley. Nick era el vicepresidente de Bank of America y miembro de su junta de directores. En pocas palabras, muchísimo poder.

Pero debido a una situación del consorcio, decidió renunciar a su cargo. La repentina transición de ser vicepresidente de uno de los bancos más grandes del mundo a no tener ninguna posición resultó ser mucho más difícil de lo que esperaba. Jeffrey Pfeffer, que relata la historia de Binkley en su libro, *Power* [Poder], explica:

> Ser una figura pública y desempeñarse a un alto nivel requiere una intensidad que produce, en palabras de [Binkley], «una euforia con cafeína». Cuando dejas este tipo de posición y cesa ese

nivel de actividad, según lo describió Binkley: «Es casi como ir en un coche a noventa millas por hora y detenerte en seco». Cuando la ráfaga de adrenalina termina, se produce una reacción psicológica visceral. Además del cambio en la actividad y el nivel de intensidad, también se da el cambio de ser el centro de un universo de personas adulándote y complaciendo todos tus encargos a una vida «normal», a una existencia lejos de la luz pública.[2]

Es posible que el ejemplo de Binkley sea un caso extremo. La mayoría de nosotros no se mueve en esos círculos tan ambiciosos. No obstante, en cierto modo, creo que muchos de nosotros podemos identificarnos con el placer adictivo de tener poder sobre las personas y las circunstancias, así como con la dolorosa frustración que llega cuando nos sentimos impotentes. Por ejemplo:

- ¿Te disgustas muchísimo cuando la gente no hace las cosas como tú quieres?
- ¿Te da trabajo seguir las instrucciones que otras personas establecen? ¿Piensas con frecuencia que puedes hacerlo mejor, a tu manera?
- Cuando algo no sale bien, ¿tiendes a culpar a los demás?
- ¿Necesitas ganar todas las discusiones en las que te involucras?
- ¿«Haces trucos» o manipulas a otros para salirte con la tuya?
- ¿Pierdes los estribos cuando alguna situación no resulta como esperabas?
- ¿Puede el malfuncionamiento de alguna herramienta (el coche, la computadora, etc.) sacarte *realmente* de quicio?

¿Ves? No solo los ejecutivos, los pastores, los políticos o los empresarios luchan con este asunto del poder. El poder nos tienta a la mayoría, por no decir a todos.

Si ganar cada argumento es un problema para ti, tal vez no sea porque la verdad te apasiona. ¿Podría ser que ansías el poder que se siente al dominar a otro ser humano?

O tal vez quieres conseguir cierta posición de liderazgo en la iglesia, en el trabajo o en la comunidad. ¿Es realmente porque quieres servir o porque buscas el poder que produce estar por encima de otros?

Quizás sientes un fuerte deseo de acostarte con alguien. ¿Te sientes realmente atraído hacia la persona . . . o hacia el poder de saber que *podrías* acostarte con él o ella si lo quisieras?

No estoy diciendo que todas las discusiones, campañas de liderazgo o las relaciones sexuales implican «jornadas» de poder enfermizas. Para nada es eso. Recuerda, en el centro de cada ídolo que adoramos existe un subyacente apetito, dado por Dios. El problema empieza cuando nos volvemos a alguien o a algo, que no es Dios, para satisfacerlo. Y eso es cierto también en lo que se refiere al poder.

He ido descubriendo que usualmente la gente no busca poder porque desean volverse hostiles y egoístas. Por lo general, la atracción inicial hacia el poder comienza con un apetito de propósito dado por Dios.

La mayoría estamos diseñados para distinguirnos.

Queremos que nuestras vidas cuenten para algo importante.

Deseamos que nuestras vidas manifiesten trascendencia.

Y en algún punto de nuestro camino, comenzamos a creer que tener el control puede realmente satisfacer ese deseo. Que tener poder y ejercerlo de alguna manera hace que valgamos.

Es ahí cuando nuestro anhelo natural de trascendencia se convierte en algo completamente diferente. Es ahí cuando comenzamos a adorar al ídolo del poder . . . y nos tendemos la trampa para una gran caída.

LA GRAN CAÍDA

No hace mucho desayuné con un caballero llamado Paul Stanley. Paul parece y luce como un tipo común y corriente, pero los pasados dos años han sido para él de todo menos ordinarios. Hace apenas dos años, iba a bordo de un cohete camino al tope del escenario político de Tennessee. Sin duda, era uno de los hombres más poderosos en nuestro estado.

Todo eso se vino abajo cuando salió a la luz que mantenía una aventura amorosa con su asistente interna de veintidós años. Para empeorar las cosas, el novio de la joven había intentado extorsionar a Paul por diez mil dólares para mantener la historia en secreto, incluyendo fotografías atrevidas. Paul cooperó con el FBI para llevar ante la justicia al novio, pero el arresto y la condena del muchacho catapultaron la historia a los titulares nacionales.

En un día, pasó de ser el Senador Estatal Republicano Paul Stanley, presidente del Comité de Comercio, Trabajo y Agricultura, a ser Paul Stanley, la escoria de la tierra. Poco después, renunció a su silla en el senado.

Hoy Paul Stanley admite que su deseo de poder jugó un papel crucial en su final fracaso. «Absorbía el reconocimiento y la atención como una esponja», me dijo Paul. «La política me atraía porque me colocaba al frente de la fila. Podía tomar el teléfono y conseguía que cualquier ejecutivo empresarial en el estado me atendiera en cuestión de minutos, eso se sentía muy bien. No se trataba de mí, se trataba de mi posición y del poder que la acompañaba».

Al preguntarle cuándo supo que tendría una aventura amorosa con su interna, contestó: «Justo desde que la vi por primera vez. Eso es lo que hace el poder. Te hace pensar que puedes obtener todo lo que quieras. Que estás por encima de las reglas».

Paul estaba experimentando lo que Tim Keller llama «una de las más grandes ironías del pecado». Keller escribe: «Cuando los seres humanos tratan de llegar a ser más que seres humanos, ser como dioses, caen hasta llegar a ser menos que seres humanos. Ser tu propio Dios y vivir para tu propia gloria y poder conducen al tipo de conducta más brutal y cruel».[3]

Obviamente, el montón de poder que acumuló Paul Stanley no evitó que su castillo de naipes se derrumbara. Luego del escándalo, me dijo: «De la noche a la mañana, fui de seiscientas millas por hora a cero. Cuando me levanté, ya no era el Senador Paul Stanley. Fue como si me hubieran quitado al mismo tiempo mi copa de licor y mi línea de cocaína. Yo me alimentaba del poder de mi puesto. Me nutría de la atención. Pasé por un difícil período en el que sufrí los síntomas de mi abstinencia.

«De la mano del poder llegan personas que te están diciendo todo el tiempo lo maravilloso que eres porque quieren algo de ti. Se torna adictivo e infla demasiado tu ego, comienzas a pensar que todo se trata de ti. Tenía amistades que cubrían cinco millas de largo, pero centímetros de profundidad».

LLAMADA DE ALERTA

La Biblia está repleta de historias de individuos cuya adoración al poder, a la larga, se convirtió en su caída. El poder y el orgullo se convirtieron en el sol deslumbrante que los cegó de una plétora de trampas mortales. Uno de mis ejemplos preferidos viene del Antiguo Testamento, del libro de Daniel.

Mi perspectiva particular de todo el libro es la idea de que Dios siempre tiene el control, lo que significa que *nosotros* no lo tenemos. Esto es algo muy difícil no solo de creer sino también de aceptar, sobre todo para aquellos a quienes nos gusta nuestro poder. Es más, una de las mayores ilusiones que creemos es la de que tenemos el control.

El libro de Daniel se enfoca principalmente en dos personajes. El primero es Daniel, que fue secuestrado de su casa siendo muy joven y llevado cautivo a una nación enemiga. Él pasó la primera parte de su vida casi sin poder. El otro personaje es el rey Nabucodonosor, monarca de la nación que tomó cautivo a Daniel. Él parecía tener todo el poder y el control que cualquier ser humano pudiera tener.

En muchos aspectos, el rey Nabucodonosor tenía la vida que muchos de nosotros pensamos que deseamos: una vida muy exitosa, riquezas infinitas y poder a granel. Es la vida de la que muchos leemos en revistas como *People* o *Sports Illustrated* y pensamos: «No me importaría probar esa vida».

Pero tener acceso a todo ese poder no pudo evitarle al rey algunos problemas. Por ejemplo,

> En el segundo año del reinado de Nabucodonosor, tuvo Nabucodonosor sueños, y se perturbó su espíritu, y se le fue el sueño. Hizo llamar el rey a magos, astrólogos, encantadores y caldeos, para que le explicasen sus sueños. (Daniel 2.1-2)

¿No te parece interesante que el hombre más poderoso en Babilonia estuviera tan preocupado que no pudiera dormir? Eso me ha pasado cuando estoy atravesando por un tiempo difícil. Usualmente, ha sido debido a algún problema en mi matrimonio o en el trabajo en el que sentí que no tenía el control. Esa falta de control me puso bastante ansioso. Estoy seguro que ese también fue el problema para Nabucodonosor.

Para Nabucodonosor, el asunto eran sus sueños. Es importante poner esta historia en contexto para que puedas entender mejor lo que estaba ocurriendo con el rey. En ese tiempo, era ampliamente aceptado que los dioses hablaban al rey por medio de sueños y visiones, así que la interpretación de tales sueños era imprescindible. Los gobernantes tenían astrólogos y consejeros cuyo trabajo era ayudar con la interpretación de sueños. Así que, cuando Nabucodonosor comenzó a tener esos sueños perturbadores, convocó a sus mejores intérpretes y se aseguró de que entendieran lo que estaba en juego:

> Vinieron, pues, y se presentaron delante del rey. Y el rey les dijo: He tenido un sueño, y mi espíritu se ha turbado por saber el sueño. Entonces hablaron los caldeos al rey en lengua aramea: Rey, para siempre vive; di el sueño a tus siervos, y te mostraremos la interpretación. Respondió el rey y dijo a los caldeos: El asunto lo olvidé; si no me mostráis el sueño y su interpretación, seréis hechos pedazos, y vuestras casas serán convertidas en muladares. Y si me mostrareis el sueño y su interpretación, recibiréis de mí

dones y favores y gran honra. Decidme, pues, el sueño y su interpretación. (vv. 2-6)

¿Te imaginas la expresión en el rostro de los astrólogos cuando escucharon eso? Nada se compara a tener que llevar a cabo una tarea imposible justo al comienzo del día. Y eso fue exactamente lo que le dijeron al rey: que nadie podía interpretar un sueño sin saber cuál era el mismo.

¿Parece razonable, cierto? Pero Nabucodonosor no se sentía particularmente razonable —ni misericordioso— en ese día específico. Por lo que ordenó que procediera la ejecución. Es más, iba a ejecutar a todos los sabios del reino.

¿Por qué estaba tan enojado el rey? Realmente no le ves lógica hasta que consideras lo que representaban aquellos sueños para Nabucodonosor. Eran un inquietante recordatorio de que existen algunas cosas que ni siquiera el hombre más poderoso en el mundo podía controlar. Y cuando un devoto del poder estrella su nariz contra los límites de su control, todo el mundo sufre.

Cuando un devoto del poder estrella su nariz contra los límites de su control, todo el mundo sufre.

SEÑALES DE PELIGRO EN UN TERRENO RESBALADIZO

Como ya mencioné en este capítulo, he luchado con el poder a lo largo de toda mi vida. Me gusta el control. Me gusta conseguir lo que quiero. Me gustar sentir que tengo influencia en la gente y en los acontecimientos. Y definitivamente no me gusta sentirme ni incapaz ni incompetente. Podrías decir que tengo algunos problemas con el control que han afectado mi conducta toda mi vida.

Cuando era muy joven, hice sentir bastante mi autoridad sobre mi hermana menor. A medida que iba creciendo, mis problemas con el control se manifestaron con mis amistades; más adelante, con mis colegas y mi familia. Hoy, con frecuencia deseo pensar que tengo más poder que resultados.

Otra vez, pienso que soy bastante normal en este aspecto. A todos nos gusta sentir que tenemos algún tipo de injerencia en lo que pasa en nuestra vida. A todos nos gusta ganar, marcar la pauta, hacer algo importante, que los demás nos admiren. Así que, ¿cómo sabemos si nuestro instinto de trascendencia se ha transformado en idolatría, que nos encaminamos hacia un terreno resbaladizo y que hemos comenzado a adorar al poder?

En mi vida, he identificado dos señales de peligro muy claras.

Evitar el fracaso

Cuando cualquiera de nosotros permite que el poder llegue a ser un ídolo en nuestras vidas, comenzamos a percibir de él nuestro sentimiento básico de identidad. Como resultado, haremos todo lo que esté a nuestro alcance por cubrir cualquier indicio de debilidad; cualquier cosa que sugiera que no somos el tipo de persona con mando y control que tan desesperadamente queremos ser.

Para mí eso se desarrolla en distintas maneras. Mis discusiones con Brandi se vuelven más largas y difíciles porque no admito rendirme. Pierdo los estribos cuando cualquier situación o conversación me hace sentir incómodo. Reviento cuando objetos inanimados no responden como espero. (¡No existe nada más inspirador que un hombre gritándole a una máquina de cortar grama!)

Y una señal definitiva de que mi actitud hacia el poder está fuera de foco es que comienzo a hacer todo lo que esté a mi alcance para evitar el fracaso. La mera posibilidad de no ganar me llena de ansiedad y de un temor debilitador. Algunas veces me sorprendo esforzándome mucho más y con mayor desesperación para ganar a toda costa. En otros momentos, simplemente me paralizo y evito asumir cualquier riesgo.

Hace casi dos años tuve la oportunidad de escribir mi primer libro *Plan B*. A pesar del hecho de que sentí el llamado de Dios para escribirlo y que mi editor me dio su visto bueno, aun así luché con el proceso. Aplacé la decisión . . . muchísimo. Seguía encontrando otras cosas que hacer. Sentarme frente a la computadora y escribir era lo menos que deseaba.

Una señal definitiva de que mi actitud hacia el poder está fuera de foco es que comienzo a hacer todo lo que esté a mi alcance para evitar el fracaso.

¿Por qué estaba teniendo tanto problema con eso? La razón principal era que estaba aterrorizado ante la idea de fracasar. Me atormentaba que mi libro fuera rechazado, que nadie quisiera comprarlo, que me convirtiera en el hazmerreír de la industria editorial y que perdiera el respeto de mis colegas, mis amistades y mi congregación.

No estoy diciendo que alguna de esas cosas hubiera podido ocurrir, pero la simple posibilidad me detuvo en seco. ¿Por qué era tan aterrador? Porque implicaba la percepción de pérdida de mi influencia y mi identidad como un valorado y exitoso miembro de mi comunidad.

En otras palabras, mi bloqueo como escritor era realmente un asunto de poder. El culto en el altar del poder esencialmente me estaba paralizando.

Y eso puede ocurrirle con mucha facilidad a cualquier persona. Llegamos al punto en que nuestras vidas giran alrededor de no fracasar en lugar de estar dedicados a hacer lo que Dios quiere. Tenemos tanto miedo de perder nuestra identidad como personas poderosas que no estamos dispuestos a asumir los riesgos que Dios quiere que asumamos.

Uno de los retos más grandes que enfrentamos con esta forma de idolatría es vivir separados del poder de Cristo en nuestras vidas. Pablo registró esta perspectiva en 2 Corintios 12.9 cuando recordó una palabra del Señor, en su propio tiempo, de temor y ansiedad: «Y me ha dicho [Dios]: Bástate mi gracia; porque mi poder se perfecciona en la debilidad. Por tanto, de buena gana me gloriaré más bien en mis debilidades, para que repose sobre mí el poder de Cristo».

Es una decisión que todos tenemos que tomar y que es especialmente retadora para aquellos que nos inclinamos en la dirección de un ídolo como el poder.

¿Queremos el poder aparente que viene cuando evitamos el fracaso?

¿O deseamos el poder auténtico que viene de Cristo cuando vivimos y caminamos humildemente con él?

Rechazar la corrección

El rechazar la corrección es la segunda señal de peligro que me advierte que puedo estar encaminándome hacia el terreno resbaladizo de la adoración al poder. Además, me vuelvo impaciente y rebelde con las reglas y los procesos que otras personas establecen. Parece que siempre hay una mejor manera, la *mía*.

Una de las formas más certeras de decir que el cáncer del poder se ha introducido sigilosamente en nuestros corazones es la incapacidad de admitir que estamos equivocados y resistirnos a rendir cuentas. Te lo digo por experiencia directa, a medida que la influencia y el poder aumenta en la vida de una persona, aumentará también la tentación de vivir en aislamiento y repeler la obligación de rendir cuentas.

Lo que ocurre es que comenzamos a pensar que estamos por encima de todo el mundo.

- *Soy más importante que ellos.*
- *Tengo más responsabilidades que las que ellos tienen.*
- *Sé más que ellos.*
- *¡Que nadie se atreva a contrariarme ni a cuestionarme!*

Esta dinámica era claramente evidente en la historia del rey Nabucodonosor, que invitó a un grupo de consejeros a que le hablaran. Pero tan pronto le dieron una respuesta que no quería escuchar, decidió que los mataría.

Si me permites hablar sin pelos en la lengua por un momento, si tienes dificultad para aceptar que tu esposa, tu amigo, tu maestro o tu jefe te corrijan, es muy probable que tengas algún tipo de problema con el asunto del poder. Como dice Proverbios 15.12 (NTV):

> *Los burlones odian ser corregidos,*
> *por eso se alejan de los sabios.*

Parte de la razón por la que no consultas a los sabios, ni escuchas a la gente que te rodea es porque, si eres sincero, piensas que no conoces a nadie que tenga más sabiduría que tú. Aparte de que, permitir que alguien te corrija, es concederle poder a esa persona . . . una posibilidad aterradora para alguien que necesita sentirse poderoso para así sentir que todo está bien.

LA ILUSIÓN DEL CONTROL

Con frecuencia imagino el control como un tipo de círculo en mi vida. Mientras más poder gano, más se amplía el círculo y más cosas puedo controlar en mi vida. Todo el mundo se da cuenta de que hay algunas cosas que pueden controlar y otras que no. Pero a medida que adquirimos más poder, más tendemos a creer que nuestro círculo se expande.

Tal vez piensas que tu círculo abarca a tu familia o a tu carrera o tus finanzas. Quizás piensas que si tan solo tuvieras un poco más de poder, entonces tu círculo de control podría llegar a crecer hasta incluir algo así como tu futuro.

Desgraciadamente, eso es solo una ilusión . . . y muy peligrosa.

Tengo un amigo que se llama Grant, a quien conocí hace algunos años en una reunión comunitaria. No diría que es un amigo íntimo, pero hemos almorzado juntos varias veces, y por alguna razón he sentido que Dios me está dando empujoncitos para que establezca una relación con él. Para ser sincero, no es un empujoncito que me ha emocionado mucho porque Grant no es la compañía más placentera que puedas tener.

Hace algunos años, recibí una llamada en medio de la noche. Cuando finalmente encontré mi teléfono y miré el identificador de llamadas, vi que era Grant. No puedo explicarte lo confundido que me sentía mientras le decía hola con mi voz de las dos de la madrugada. No podía imaginar ninguna buena razón para que Grant me estuviera llamando en medio de la noche. Es más, si bien me había llamado varias veces a mi celular para coordinar alguna reunión, no podía recordar ninguna vez que lo hubiera hecho a la casa.

De inmediato noté que algo raro ocurría con Grant. Estaba llorando, su incapacidad para organizar sus pensamientos me hizo pensar que había estado tomando licor. Después de pasar cerca de dos minutos vociferando, colgó. Preocupado, intenté llamarlo varias veces, pero nunca me respondió.

A la mañana siguiente, finalmente me llamó y acordamos encontrarnos aquella tarde para almorzar. Mientras comíamos emparedados y sopa, un Grant con semblante muy cansado comenzó a quitar todas las capas de su vida.

Decir que Grant era un tipo hambriento de poder y adicto al control sería un eufemismo.

Era el fundador y ejecutivo de una compañía de seguros, aparentemente era conocido por ser cruel y controlador en el trabajo. Las personas que trabajaban con él vivían en un temor constante en cuanto a cómo reaccionaría día a día ante su desempeño, el cual nunca parecía complacerlo. Me contó una historia tras otra sobre cómo se había posicionado estratégicamente para acumular más y más tajadas de poder en su trabajo.

En la casa era más o menos la misma historia. Grant tenía una hija de doce años y un hijo de diez. Su relación con ambos, en el mejor de los casos, estaba muy dañada. Hacía poco su hijo le había suplicado que por favor no se presentara más a sus juegos de pelota porque era demasiada presión para él. Al parecer, Grant había sacado a su hijo del banquillo en el último juego y lo había regañado. Lo tomó por el brazo y le gritó que era una vergüenza y que si no iba a tratar con más ahínco, simplemente necesitaba dejar de jugar.

Pero Grant no me había llamado en medio de la noche debido a su trabajo ni a sus hijos. El catalizador real de nuestro almuerzo fue que su esposa, Cindy, finalmente se había dado por vencida con él. Al parecer, él había llegado a la casa cerca de las diez aquella noche y ella estaba esperándolo. Y en un discurso ensayado y sin emoción, le anunció que ella y los muchachos se mudarían ese fin de semana. «Durante quince años he soportado tus juegos de manipulación y control, ya me cansé. Se acabó», le dijo. «Hasta aquí llegó el abuso emocional. Ya no voy a ser más el peón en tu juego. ¡Se acabó!»

La persecución de poder de Grant a lo largo de su vida había alejado más y más a las personas cercanas a él. En su deseo por ampliar su círculo de control, había arruinado su oportunidad de tener intimidad emocional con quienes supuestamente amaba. Se había dejado engañar por la promesa vacía que nos hace tropezar a tantos: la mentira de que más poder expandirá el círculo de nuestro control.

De vez en cuando ocurre un suceso como el mío y los ancianos, o Nabucodonosor y sus sueños, o Grant y su familia, o Paul y su aventura amorosa. Entonces, de repente nos percatamos de lo que de alguna manera sabemos pero detestamos admitir, que nuestro círculo de control es mucho más pequeño de lo que jamás imaginamos. Si bien el poder puede inflar la *ilusión* del control, en realidad no significa más control.

La verdad es: nunca somos tan poderosos como queremos pensar que somos. Y cuando insistimos en adorar en el altar de esta promesa vacía, nosotros mismos nos tendemos la trampa para un colapso inevitable.

La verdad es: nunca somos tan poderosos como queremos pensar que somos. Y cuando insistimos en adorar en el altar de esta promesa vacía, nosotros mismos nos tendemos la trampa para un colapso inevitable.

LA ALTERNATIVA A UN «VIAJE» DE PODER

Regresemos a nuestra historia en Daniel. Cuando varios de los consejeros de Nabucodonosor no pudieron interpretar sus sueños, el rey decidió matarlos a *todos*, y nuestro amigo Daniel era uno de ellos. Afortunadamente, Daniel tenía una mejor comprensión del poder que Nabucodonosor. Así que decidió ir a la Fuente de todo el poder real:

> Entonces Daniel habló sabia y prudentemente a Arioc, capitán de la guardia del rey, que había salido para matar a los sabios de Babilonia. Habló y dijo a Arioc capitán del rey: ¿Cuál es la causa de que este edicto se publique de parte del rey tan apresuradamente? Entonces Arioc hizo saber a Daniel lo que había. Y Daniel entró y pidió al rey que le diese tiempo, y que él mostraría la interpretación al rey. Luego se fue Daniel a su casa e hizo saber lo que había a Ananías, Misael y Azarías, sus compañeros, para que pidiesen misericordias del Dios del cielo sobre este misterio, a fin de que Daniel y sus compañeros no pereciesen con los otros sabios de Babilonia. Entonces el secreto fue revelado a Daniel en visión de noche, por lo cual bendijo Daniel al Dios del cielo. (vv. 14-19)

Qué valentía la de Daniel al intervenir y decir: «Yo creo que mi Dios puede hacer esto». Y durante aquella noche, Dios contestó. Él se reveló y le mostró el misterio a Daniel.

La historia continúa diciendo cómo le interpretó el sueño a Nabucodonosor. El rey no solo canceló la orden de ejecución, sino que también se arrodilló y adoró al Dios de Daniel, el Dios del cielo. Justo para ese momento, el rey se dio cuenta como resultado de esta experiencia que su adoración al poder era en realidad un callejón sin salida. Que no le daría lo que deseaba. El poder era realmente una promesa vacía que lo había dejado herido y desesperado.

En efecto, Nabucodonosor tuvo una oportunidad para cambiar su manera de asirse al poder. Por desdicha no lo hizo. Se embarcó una y otra vez en viajes de poder, castigando a todo el que se le paraba en frente, hasta que Dios se vio obligado a derribarlo. ¡Y qué clase de caída fue aquella! Nabucodonosor se volvió loco, fue despojado de todo su poder y vivió como un animal en los campos durante siete años. Todo eso fue necesario para que se humillara y se alejara de la promesa vacía del poder.

¡Qué inmenso contraste entre ese rey terco y hambriento de poder, y Daniel, el cautivo convertido en consejero! Desde el principio, Daniel modeló una perspectiva ante el poder completamente distinta. Solo escucha su oración:

> Sea bendito el nombre de Dios de siglos en siglos, porque suyos son el poder y la sabiduría. El muda los tiempos y las edades; quita reyes, y pone reyes; da la sabiduría a los sabios, y la ciencia a los entendidos. (vv. 20-21)

Me fascina el hecho de que Daniel no estaba ni persiguiendo ni reconociendo su propio poder. Es más, estaba haciendo lo contrario. Estaba simplemente adorando a Dios y reconociendo que todo el poder le pertenece a él. Y con ello nos señaló el camino hacia lo que puede ocurrir cuando dejamos de empujar los círculos de nuestro propio control y le hacemos espacio al Dios de todo poder para que opere en nuestras vidas.

El rey David escribió justo acerca de esto en el Salmo 91:

> *El que habita al abrigo del Altísimo*
> *Morará bajo la sombra del Omnipotente.*
> *Diré yo a Jehová: Esperanza mía, y castillo mío;*
> *Mi Dios, en quien confiaré. (vv. 1-2)*

Cuando enfocamos nuestra mirada en enaltecer a Dios y no a nosotros mismos, logramos habitar bajo su sombra. Aunque las sombras de nuestros problemas, asuntos y conflictos parecen agobiantes y sofocantes, la de nuestro Dios abre un mundo completamente nuevo para nosotros.

Un mundo de descanso.

NOCHE Y MAÑANA

La antigua mentalidad hebrea sobre la estructura de un día era muy diferente a como lo vemos hoy. Según la ley mosaica, el día realmente comenzaba al anochecer, no al amanecer.

Esto difiere bastante de lo que la mayoría de nosotros imagina, ¿no te parece? ¿Acaso no piensas que el día comienza al amanecer, cuando te levantas y te sumerges en las circunstancias y los sucesos de tu día?

Pero mira este ejemplo en Génesis: «Cayó la noche, y llegó la mañana. Ése fue el cuarto día». (Génesis 1.19). La suposición es que el día comienza en la noche, no en la mañana.

Me gusta mucho este pensamiento y, aunque tal vez pienses que no es realmente importante, considera las implicaciones de esta idea. Para mí, nos ayuda a poner en perspectiva todo este asunto del poder.

No tienes que tomar el control porque tienes a un Dios que lo está haciendo. Él se hará cargo de todo, solo resta una cosa por hacer. Tienes que rendirte.

El día no empieza cuando *tú* te levantas y comienzas tus quehaceres, pues este día no depende de tus pensamientos, acciones ni participación. En cambio, comienza en la noche, cuando *tú* te relajas y te acuestas. Y mientras duermes, Dios vigila. Él no duerme. (Tal vez no nos gusta admitirlo, pero el universo marcha de lo más bien sin nosotros.)

Si esto es cierto durante la noche, también lo es durante el día. Lo que significa que puedes dejar a un lado tu estrés, tus problemas, tu ansiedad y tu inseguridad. No tienes que tomar el control porque tienes a un Dios que lo está haciendo. Él se hará cargo de todo, solo resta una cosa por hacer.

Tienes que rendirte.

PERO NO SEA COMO YO QUIERO

Con lágrimas bajando por sus mejillas, mi amigo Paul, el antiguo senador, me contó sobre la noche cuando las cosas comenzaron a cambiar y sintió el poder de Dios en su vida como nunca antes:

«Ocurrió un par de semanas después que mi historia salió a la luz pública y estaba circulando por todo el país. Me estaba hospedando en casa de un amigo. La casa estaba a la venta y estaba completamente vacía, excepto por unos muebles. Me encontraba literalmente con el rostro en el suelo gimiendo ante Dios. Me quedaba dormido orando y llorando, solo para levantarme y comenzar a llorar otra vez. No podía levantarme del suelo. Pasé de ser un arrogante senador que intentaba dominar al Capitolio a ser un hombre en el suelo, quebrantado y dado por vencido, de cara en sus propias lágrimas. Finalmente, estaba listo para rendirme.

»Tienes que reemplazar con algo el ídolo del poder. Yo tuve que reemplazar las trampas del poder con el amor y la misericordia de Dios. No es el mismo sentimiento de esos falsos dioses, sino que él te da algo que no recibes del poder. Recibí una verdadera aceptación, un perdón real y la oportunidad de vivir para él. No conocía en verdad el significado de la gracia y la misericordia hasta que mi pequeño mundo y mis ídolos se vinieron abajo».

Es interesante para mí que Paul finalmente encontró lo que estaba buscando en el momento de mayor impotencia en su vida. En ese momento él estaba siempre imposibilitado; no obstante, siempre satisfecho. Estaba humillado; no obstante, fue restaurado cuando, entregó su «dios poder» y lo rindió ante el Dios de poder y de fuerza.

Vemos la misma paradoja en la historia de Daniel. Nabucodonosor parecía ser el que tenía todo el poder. Él era el que estaba tomando las decisiones y dando las órdenes a todos a su alrededor. Sin embargo, lo vemos atribulado, estresado y lleno de miedo. Entonces Daniel, que en apariencias no tenía poder ni control, simplemente se rindió a Dios y, al hacerlo, salvó muchas vidas.

Rendirse fue también el momento decisivo en la vida de alguien más. ¿Recuerdas la escena de Jesús en el huerto de Getsemaní?

> Entonces llegó Jesús con ellos a un lugar que se llama Getsemaní, y dijo a sus discípulos: Sentaos aquí, entre tanto que voy allí y oro. Y tomando a Pedro, y a los dos hijos de Zebedeo, comenzó a entristecerse y a angustiarse en gran manera. Entonces Jesús les dijo: Mi alma está muy triste, hasta la muerte; quedaos aquí, y velad conmigo. Yendo un poco adelante, se postró sobre su rostro, orando y diciendo: Padre mío, si es posible, pase de mí esta copa; pero no sea como yo quiero, sino como tú. Vino luego a sus discípulos, y los halló durmiendo, y dijo a Pedro: ¿Así que no habéis podido velar conmigo una hora? Velad y orad, para que no entréis en tentación; el espíritu a la verdad está dispuesto, pero la carne es débil. Otra vez fue, y oró por segunda vez, diciendo: Padre mío, si no puede pasar de mí esta copa sin que yo la beba, hágase tu voluntad. (Mateo 26.36-42)

Esa es una oración de rendición. «Pero no sea como yo quiero, sino como tú». Esta es una oración del tipo «aquí estoy . . . aquí estoy, todo yo». *Aquí estoy rindiendo mi deseo de poder y control, mi derecho a hacer las cosas a mi manera* . . . eso es lo que Jesús está orando.

Irónicamente, este puede ser el momento más poderoso en el ministerio de Jesús.

Es más poderoso que alimentar a las multitudes.

Es más poderoso que sanar al ciego y al sordo.

Es más poderoso que calmar los vientos y las olas con solo pronunciar una palabra.

Es más poderoso que cuando llamó a Lázaro a salir de la tumba.

Hay un poder disponible que transforma vidas y forma nuestra identidad cuando estamos dispuestos a decirle a Dios: «Entrego mi necesidad de poder, me rindo». Cuando al fin comprendemos que existe un Dios, y no somos ni tú ni yo.

Es algo que amerita que lo consideremos. ¿Dónde necesitas decir «pero no sea como yo quiero, sino como tú»? ¿Dónde necesitas retroceder de esta idolatría y rendirte?

¿Una situación en el trabajo?

¿Alguna circunstancia en tu matrimonio?

¿Un problema con tus hijos, tus padres o tus hermanos?

¿Algo con un amigo al que aprecias mucho?

¡SUÉLTATE!

Hace poco llevé a mis tres hijos a un parque de diversiones en Indiana. El verano estaba por acabarse y pensé que sería una excelente manera de terminarlo. Mi hijo mayor, Jett, ya tiene la suficiente edad —y, finalmente, la suficiente estatura— para subirse conmigo en algunas de las montañas rusas. Eso es algo que disfruto mucho, por lo que estaba muy entusiasmado con la idea de hacerlo con mi hijo.

Él, sin embargo, no estaba muy emocionado, al menos no al principio. Me costó algo de esfuerzo poder convencerlo de que se subiera conmigo en la montaña rusa de madera más alta del parque.

Con su mano apretándome la pierna y sus ojos firmemente cerrados, logró terminar el primer recorrido. En efecto, lo convencí para que nos subiéramos varias veces más y realmente nos divertimos mucho.

El día continuó y nos subimos en otras atracciones. Entonces, cuando ya estábamos próximos a salir del parque aquella noche, sugerí:

—Jett, ¿por qué no te subes otra vez conmigo en la «grande»?

Ya se sentía más confiado.

—¡Claro que sí!

—Esta vez, tengo una sorpresa para ti —le dije—. Vamos a subirnos en la primera fila de la montaña rusa. Esa es la mejor silla de todas.

Él me miró algo indeciso, pero yo sabía que lo iba a disfrutar. Así que hicimos la cola hasta que llegó nuestro turno de amarrarnos en la primera fila. A medida que nos comenzamos a mover, miré a Jett y le dije:

—Hey, hay algo que se me olvidó decirte. Cuando te sientas en la primera fila, hay una regla que dice que tienes que mantener tus brazos arriba durante todo el trayecto.

Jett me miró con los ojos muy abiertos:

—¿De verdad papá?

Tratando de contener la risa, le contesté de inmediato:

—Sí, hijo mío. Es una regla.

Así que subió sus brazos, decidido a cumplir con la «regla».

Mientras el vagón iba subiendo poco a poco por la montaña, él tenía sus brazos en el aire. Pero tan pronto llegamos a la cima y comenzó la caída, se agarró de la barra de seguridad como si de ella dependiera su vida. Cuando llegamos abajo, volvió a subir los brazos. Pero siempre que llegábamos a una curva o a una caída, los bajaba. Me divertí muchísimo observándolo.

Mientras nos bajábamos de nuestro vagón, me volteé hacia Jett y le pregunté:

—Bueno, ¿qué tal? ¿Te gustó?

—No me gustó ni un poquito —contestó sin pensarlo dos veces.

—¿De verdad?

Entonces me dijo algo que jamás olvidaré.

—Cuando tenía los brazos arriba, no me sentía seguro.

Me parece muy interesante que la señal internacional para indicar que te estás rindiendo es subir tus brazos. Puedes ir a cualquier parte del mundo y si subes tus brazos, quiere decir lo mismo: me rindo.

No creo que nadie disfrute el proceso de rendirse. Significa que voluntariamente estás entregando el poder y el control, y eso es algo que nos asusta a la mayoría. El rendirse, simple y llanamente, no se siente seguro. Sin embargo, pudimos ver que fue un momento crucial para Daniel y para Jesús, así como para muchos otros; y hoy puede serlo en tu vida también.

Uno de mis versículos bíblicos preferidos es el Salmo 46.10: «Estad quietos, y conoced que yo soy Dios».

La palabra hebrea para «estad quieto» significa literalmente «soltarse». Nos dice que dejemos de intentarlo en el nivel del esfuerzo humano.

Estad quietos y suéltense de su entendimiento.

Estad quietos y suéltense de su esfuerzo humano.

Estad quietos y suéltense de su deseo de alcanzar más poder.

Estad quietos y suéltense de su necesidad de controlar los resultados.

Estad quietos.

Estad quietos y recordemos que somos finitos . . . pero Dios es infinito.

Estad quietos y permitamos que Dios sea Dios en los lugares más íntimos de nuestras vidas.

Porque, a fin de cuentas, ese es el único poder que cambiará cualquier cosa.

CAPÍTULO SEIS

EL DINERO SIEMPRE QUIERE SER MÁS QUE ESO

Era el 15 de febrero, exactamente las tres y dos minutos de la madrugada en Kolkata, India. Se suponía que estuviera durmiendo. Pero en mi casa en Nashville, era apenas las dos y treinta dos minutos de la tarde, así que mi cuerpo estaba bastante confundido. Aparte de eso, mi mente estaba luchando con una pregunta.

Era mi cuarto día dirigiendo a un equipo de personas de mi iglesia en un viaje misionero para trabajar en los barrios bajos en India, mi tercer viaje en solo dos años. Pero lo que había visto y experimentado aquel día me impresionó una vez más, como si fuera la primera vez que mis ojos hubieran sido abiertos a la injusticia.

Habíamos pasado la mayor parte del día visitando casuchas para ver cómo podíamos ayudar a los residentes de la barriada Khalpar, donde estábamos trabajando para comenzar una escuela y un centro de alimentación. Llegamos a una casucha en particular que estaba más maltrecha que las demás de esa barriada. En realidad, era apenas una serie de sábanas rotas que habían sido pegadas y levantadas con seis o siete palos tambaleantes.

La familia que vivía allí nos invitó a entrar. Estaban cocinando algo en una olla sobre el fuego. Me senté allí con mi equipo de tres o cuatro y nuestro intérprete, apretados en aquella carpa improvisada junto al esposo, la esposa y los tres hijos que llamaban a aquello hogar. La cama improvisada en la esquina consistía de un pedazo de madera desechable cubierta con varias capas de sábanas raídas y enlodadas. En las otras esquinas de la carpa había pequeños montoncitos de ropa sucia . . . que no eran suficientes para las maletas de mis tres hijos si salíamos de viaje un fin de semana, pero que era toda la vestimenta que poseían.

Le pregunté al papá a qué se dedicaba. El intérprete reformuló mi pregunta, escuchó la respuesta y me dijo: «Él tira de un coche cuando puede conseguir trabajo, pero es bastante irregular». El intérprete nos explicó que ese era un trabajo físicamente muy exigente, con apenas unos breves recesos durante el día para los trabajadores. El padre trabajaba tres o cuatro días a la semana, y se ganaba cerca de cincuenta centavos por día.

Luego le pregunté a la madre qué hacía y me dijo que era sirvienta de una familia adinerada en Kolkata. Todos los días caminaba dos horas para llegar a la casa en la que trabajaba. Luego de todo un día lavando ropa, limpiando pisos y haciendo otras tareas matadoras, caminaba las dos horas de regreso a su casa. Ella también ganaba menos de cincuenta centavos por día.

Sus hijos se comportaban extraordinariamente bien. Me imagino que también habían escuchado los mismos discursos amenazantes que les doy yo a los míos cuando tenemos visitas en la casa, pero por alguna razón aquellos muchachos realmente escuchaban. Es más, la menor, una niñita de casi tres años, se sentó en mi regazo. Su piel marrón y su pelo oscuro le hacían un cumplido a sus ojos azulísimos, y el sucio en su rostro no podía opacar el hecho de que era una de las niñas más hermosas que jamás hubiera visto.

En un intento por entablar una conversación casual —lo que era algo difícil dadas las circunstancias— alguien en el grupo preguntó qué estaban cocinando al fuego. El esposo, evidentemente incómodo, inició una larga conversación con el intérprete.

Al final, el intérprete nos dijo: «El padre dice que esta noche van a cenar galletas de lodo».

De inmediato respondí: «¿Qué es eso?»

La intérprete nos explicó que esas «galletas de lodo» eran literalmente lo que parecían: una mezcla de lodo con un poco de aceite. Continuó explicando que aunque tienen poco valor nutricional, les aplacarían temporalmente los dolores provocados por el hambre.

El corazón se me fue a los pies. Miré a los ojos azules de la niñita sentada en mi regazo y perdí el control.

Recuerdo que comencé a mirar hacia la parte trasera de la casucha como si hubiera sido distraído por algo o estuviera tratando de encontrar algo. La realidad era que estaba intentando ocultar las lágrimas que habían comenzado a bajar por mi rostro. Oré: «Amado Dios, permíteme conservar la calma», pero mi pecho estaba comenzando a convulsionar por la emoción contenida. Pensé: *Dios, ¿cómo es posible esto? Mis hijos pelean si los obligamos a comerse sus vegetales y refunfuñan si tienen que comer espagueti esta noche porque comieron lo mismo hace tres semanas. Estos niños malnutridos están, literalmente, comiendo lodo.*

Estuvimos con la familia como unos veinte minutos más y descubrimos que eran los únicos cristianos en aquella barriada en particular. El amor genuino entre la pareja y por sus hijos era evidente. Es más, el chico mayor, Balek —que caminaba cojeando— no era su hijo biológico. Lo habían encontrado en el basurero años antes, probablemente desechado por su parálisis parcial. Ellos lo habían acogido en su hogar y lo estaban criando como a un hijo.

Salí de aquella casucha conmocionado y no solo debido a la horrenda pobreza. Lo que en realidad me asombró fue la sensación de paz que llenaba aquel lugar. A pesar de que trabajaban casi por nada y que tenían que comer lodo simplemente para mantenerse vivos, aquella familia emanaba una contagiosa e innegable sensación de calma. Realmente sobrepasaba todo entendimiento.

Una pregunta comenzó a incomodarme mientras regresábamos a los dormitorios donde nos estábamos hospedando. Invadió mi mente como una mosca que no te deja tranquilo durante un picnic del 4 de julio. Me incomodó y me levantó en medio de la noche, cuando lo que deseaba desesperadamente era dormir. Me preguntaba: ¿por qué aquella familia azotada por la pobreza y que comía galletas de lodo tenía mucha más paz que yo, mis amigos y mi familia, que tenemos acceso a mucho más dinero que el que los cristianos de Khalpar jamás podrían imaginar?

> No existe ninguna correlación entre el dinero y la paz verdadera. Ninguna.

¿Por qué aquella familia tiene más paz que la mayoría de ustedes que están leyendo este libro?

¿Por qué?

Esta pregunta me preocupó por mucho tiempo. La gloriosa y liberadora verdad que finalmente entendí fue esta:

No existe ninguna correlación entre el dinero y la paz verdadera. Ninguna.

Puedes tratar —como muchos otros lo han hecho— de exprimir una onza de paz de una faja de billetes o de las cosas que posees, pero fracasarás. No la encontrarás allí. No existe una promesa vacía más grande que esta, que ha engañado a millones y millones de personas en todas las naciones, de todas las razas, edades y escalas tributarias.

La promesa vacía de que el dinero te comprará todo lo que realmente necesitas.

SE ACERCA A HURTADILLAS

Es interesante notar que Jesús habló más acerca de dinero que sobre el cielo, el infierno y la oración combinados. ¿Acaso estaba obsesionado con eso? No, pero sabía que nosotros lo estaríamos. Él sabía que, para los seres humanos, hay un cierto encanto en las riquezas y posesiones; un control peligroso del que es difícil deshacerse. Pienso que Jesús también entendió que este asunto es especialmente problemático porque la adoración al dinero es difícil de identificar.

Una razón para ello, creo, es que se expresa a sí misma de muchas formas. Una persona puede gastar muchísimo en un intento por sentir que tiene valor, mientras que otra puede ser muy austera y comedida, y ahorra hasta el último centavo en inversiones . . . por la misma razón. La conducta puede ser completamente distinta. Sin embargo, si ambas personas están usando el dinero para sentirse seguras y con control, existe una alta probabilidad de que estén haciendo un ídolo de él.

En una ocasión escuché a un pastor preguntar: «¿Cuál de las siguientes declaraciones crea más ansiedad en tu corazón: "No hay Dios" o "No hay dinero en el banco"?» ¿Su punto? La idolatría al dinero no es solo el amor al mismo, sino también la ansiedad excesiva a causa de él. Seamos realistas, todos somos susceptibles a sentirnos ansiosos con respecto a nuestras finanzas. Pocos de nosotros podemos pasar por este mundo sin mirar al dinero para que nos dé lo que solo Dios puede darnos.

Otro factor que hace que esta promesa vacía sea tan difícil de identificar es el hecho de que pocos pensamos que en realidad «amamos las riquezas». No somos propensos a creer que el dinero es un ídolo para nosotros. La avaricia y el materialismo —los dos aspectos de la idolatría al dinero— se camuflan a sí mismos muy eficazmente.

¿Cómo? Casi siempre por asociación. Sin siquiera darnos cuenta, nos asociamos con un nivel socioeconómico particular.

Compramos con personas de ese nivel.

Vamos al cine con personas de ese nivel.

Vivimos al lado de personas de ese nivel.

Vamos a la iglesia con personas de ese nivel.

Y casi siempre nos comparamos con personas de nuestro nivel.

No nos comparamos con el resto del mundo. Vivimos y trabajamos dentro del pequeño mundo de nuestro nivel, y permitimos que determine nuestras ideas de lo que es normal, lo que es suficiente, lo que es necesario. «Yo no soy avaro», nos decimos. «Míralos a ellos.

Mira la remodelación que acaban de hacer. Mira el dinero que gastan en ropa. Mira lo que gastan en mantener el jardín».

Este tipo de pensamiento me pegó muy fuerte una mañana mientras manejaba para llevar a mis hijos al colegio. De repente se me ocurrió que la camioneta que estaba manejando era una chatarra. En aquel entonces, ya tenía diez años y estaba comenzando a dar algunos problemas, pero hasta ese momento había estado satisfecho con ella. Sin embargo, ahora comencé a pensar: *Pete, ¿qué haces manejando esta camioneta? Lo que necesitas es un nuevo Jeep de cuatro puertas. Un Jeep negro con tracción en las cuatro ruedas y con muchos accesorios.*

Y realmente necesitaría uno de esos . . . si viviera en el campo, en un lugar donde nevara trescientos días del año y mi casa estuviera en la cima de un escarpado montón de rocas. La verdad es que manejo por carreteras tan lisas como una mesa de cristal para llevar a mis hijos a la escuela. ¿Qué voy a decir: «Mejor es que encienda el cuatro por cuatro para rebasar el bache que se está formando en la carretera? ¡Si hay algo que puedo asegurar con relación a los hombres es que nos gusta exagerar!

Esta pequeña conversación continuó en mi cabeza por unos cuantos minutos, entonces sentí el Espíritu de Dios constriñéndome: *¿En serio, Pete? ¿Tú* necesitas *un nuevo Jeep? ¿Cómo es que tu camioneta, que te lleva adonde necesitas ir, de repente es inapropiada? ¿Por qué tienes que tener algo más nuevo, más bonito y mejor?*

Acepté mi «declaración de culpa» al reconocer que me estaba dejando engañar por la promesa vacía de que, de alguna manera, un nuevo coche me daría felicidad o importancia.

Y fue así hasta que llegué a la cola donde dejo a los chicos en la escuela, justo delante de mí vi a un tipo manejando un reluciente y hermoso BMW 118D convertible, color negro. ¡Qué clase de coche! Un poco de saliva rodó por mi labio mientras veía a los dos hijos de aquel caballero bajarse del asiento trasero y caminar hacia la escuela.

Me quedé pensando: *Yo no soy avaro. Mira a ese tipo: ¡él si es avaro! Yo solo quiero un Jeep y él anda pavoneándose en un nuevo BMW convertible.*

Ten cuidado. Esta promesa vacía siempre se acercará a hurtadillas. Eso es lo que nos recuerda la enseñanza de Jesús.

> Uno de entre la gente le dijo:
>
> —Maestro, dile a mi hermano que comparta la herencia conmigo.
>
> Jesús le respondió:
>
> —Hombre, ¿quién me ha puesto a mí de juez o árbitro entre ustedes?
>
> Y le dijo a la gente:
>
> —¡Tengan cuidado y dejen toda avaricia! La vida de una persona no depende de las muchas cosas que posea. (Lucas 12.13-15, NBD)

Fíjate en la firme lección. «¡Tengan cuidado!» advierte Jesús. ¡Manténganse alerta! Él *sabía* lo mañoso que puede ser este ídolo.

La avaricia es un pecado que, a diferencia de muchos otros, viene con todo tipo de cintas amarillas de advertencia en la Biblia, precisamente porque es muy difícil para nosotros detectarla en nuestras vidas. No encontrarás a Jesús diciendo: «¡Ten cuidado! Asegúrate de que no estás cometiendo adulterio». No tiene que hacerlo. Si te estás acostando con alguien que no es tu cónyuge, lo sabes.

Pero la avaricia no es así. Es intrínsecamente autoengañosa. El dinero es algo que la mayoría de nosotros no trata bien. Parece amplificar nuestras tendencias egoístas, casi como añadir una toxina al alma. Y nuestra cultura materialista no ayuda mucho. Tenemos que darnos cuenta de que el simple hecho de respirar el aire de nuestra sociedad significa que probablemente luchamos con este problema en una medida u otra.

Jesús no fue ambiguo con respecto al peligro de este ídolo. En una ocasión dijo: «Ninguno puede servir a dos señores; porque o aborrecerá al uno y amará al otro, o estimará al uno y menospreciará al otro. No podéis servir a Dios y a las riquezas» (Mateo 6.24).

Así que examinemos todo este asunto desde la perspectiva de «este puedo ser yo fácilmente. Voy a mantener mi corazón sensible al hecho de que tal vez Dios quiere señalarme algunas cosas hoy».

NUNCA SE TRATA SOLO DE DINERO

Tuve que aprender en la forma difícil que el dinero nunca quiere ser solo eso en mi vida. Siempre está tratando de posicionarse y manipularse a sí mismo para convertirse en algo más. En efecto, lo que descubro la mayoría de las veces es que me engaña con el señuelo de creer tres ilusiones. Examinemos cada una de ellas.

Ilusión # 1: Más dinero me dará más seguridad

Mira este pasaje, tomado de una carta que el apóstol Pablo les escribió a su joven colega Timoteo y a la iglesia que este dirigía en Éfeso:

> Enséñales a los ricos de este mundo que no sean orgullosos ni que confíen en su dinero, el cual es tan inestable. Deberían depositar su confianza en Dios, quien nos da en abundancia todo lo que necesitamos para que lo disfrutemos. (1 Timoteo 6.17, NTV)

Las personas a las que Pablo les estaba escribiendo eran cristianos que cantaban los himnos, asistían a la iglesia y se habían memorizado las Escrituras. Muchos eran creyentes que habían encarado la muerte a causa de su fe en Cristo. Pero aun así tuvo que recordarles: «Eh, a medida que pasa el tiempo, no comiencen a creer la promesa vacía del dinero. No se dejen engañar pensando que puede proveerles seguridad».

¿Alguna vez has tenido una conversación contigo mismo que se parezca a esta? «Si pudiera ganarme cincuenta y cinco mil dólares al año en lugar de cuarenta y cinco mil, no tendríamos problemas. Finalmente estaríamos seguros y no tendríamos que pelear ni preocuparnos por el dinero».

Por supuesto que todas las personas que se ganan cincuenta y cinco mil dólares al año están diciendo: «Si me ganara *sesenta y cinco* mil dólares al año, finalmente estaríamos seguros y no tendríamos que pelear ni preocuparnos por el dinero».

¿Cuánto dinero crees que necesitas para estar completamente seguro económicamente? Me parece que la respuesta a esa pregunta es la misma para todos nosotros. Más de lo que tienes ahora.

Hace poco leí un artículo fascinante en *The Atlantic*, basado en un estudio que hizo el Boston College sobre las personas más ricas (aquellas que tienen un valor neto de veinticinco millones o más). Ese artículo revela realmente cómo el dinero puede socavar las cosas que más necesitamos —dependencia de Dios, relaciones confiables, trabajo con sentido, propósito y dirección— y cómo puede desvirtuar nuestra manera de ver la vida. Uno de los individuos entrevistados en el artículo,

> el heredero de una inmensa fortuna, dice que lo más importante para él es su cristianismo, y que su mayor aspiración es «amar al Señor, a su familia y a sus amistades». También dice que no se sentirá financieramente seguro hasta que tenga un billón de dólares en el banco.[1]

¿Cuánto dinero crees que necesitas para estar completamente seguro económicamente? Me parece que la respuesta a esa pregunta es la misma para todos nosotros. Más de lo que tienes ahora.

Proverbios 18.11 dice:

> *Las riquezas del rico son su ciudad fortificada,*
> *Y como un muro alto en su imaginación.*

¿Puedes ver la palabra clave en este versículo? Es *imaginación*. Ellos lo imaginan. No es real.

Por supuesto, no son solo los ricos los que se engañan con esta ilusión. Pues mientras más dinero acumulamos, más tentados podemos estar a pensar que nos puede dar una seguridad que nunca nos podrá proveer.

La riqueza material no puede proveer seguridad emocional ni espiritual. Pregúntale a cualquier «pobre niño rico» que creció rodeado de cosas en lugar de amor y atención. Ni siquiera puede proveer seguridad material. Pregúntale a cualquier víctima de un fuego domiciliario . . . o de una inversión fraudulenta . . . o de un tornado.

Con razón Jesús insistió en que

> No traten de amontonar riquezas aquí en la tierra. Esas cosas se echan a perder o son destruidas por la polilla. Además, los ladrones pueden entrar y robarlas. Es mejor que amontonen riquezas en el cielo. Allí nada se echa a perder ni la polilla lo destruye. Tampoco los ladrones pueden entrar y robar. (Mateo 6.19-20, NTV)

Ilusión # 2: Más dinero me dará más paz y felicidad

Has escuchado el antiguo cliché de que «el dinero no puede comprar felicidad».

Pues un estudio reciente indica que es más que simplemente un cliché. El columnista de *MSN Money*, Brent Kessel, escribe:

> Richard A. Easterlin, profesor de economía en University of Southern California y receptor de la beca Guggenheim, ha llevado a cabo una extensa investigación en la que «no encontró ninguna relación importante entre la felicidad y el tiempo, durante un período en el cual el GDP (Producto Interno Bruto, por sus siglas en inglés) per cápita creció en un tercio, de 1972 a 1991» . . .
>
> «Dos economistas, Andrew Oswald de Warwick University y David Blanchflower en Dartmouth, hallaron que no hay ninguna mejoría en la felicidad en Estados Unidos ni en Gran Bretaña a medida que aumenta el ingreso», explica Easterlin. «Si sigues a un individuo durante un período de tiempo, a medida que este se

mueve de un nivel de ingreso más bajo a uno más alto, no encuentras ningún aumento en su felicidad».[2] [Nota de la traductora: La Beca Guggenheim es un prestigioso subsidio otorgado por la Fundación John Simon Guggenheim Memorial a profesionales avanzados en todos los campos del saber.]

Eclesiastés 5.10 (NBD) dice:

> El que ama el dinero jamás se saciará. ¡Qué locura pensar que el dinero produce felicidad!

¿Acaso no es esto cierto? Hay muy pocas cosas por las que nos preocupamos tanto como el dinero. Nos preocupamos por cómo ganar más, cómo hacer que rinda más, cómo invertirlo, cómo ahorrarlo, cómo gastarlo, cómo protegerlo. Creemos la ilusión de que lo que necesitamos para dejar de preocuparnos por el dinero es más dinero.

Así que seguimos ganando más y más dinero, ¿y en qué terminamos pensando?

En más dinero.

Sin embargo, de alguna manera seguimos creyendo la mentira de que si tuviéramos más, seríamos más felices y nos sentiríamos más satisfechos.

Max Lucado nos describe claramente las consecuencias de esta ilusión:

> Acompáñeme a la prisión más superpoblada del mundo. Tiene más internos que literas. Más prisioneros que platos. Más residentes que recursos.
>
> Acompáñeme a la prisión más opresiva del mundo. Pregunte a los internos; ellos le contarán. Trabajan demasiado y comen mal. Sus muros están desnudos y sus literas son duras.
>
> Ninguna cárcel está tan superpoblada; ninguna es tan opresiva y lo peor, ninguna prisión es tan permanente. La mayoría de los internos jamás salen. Nadie se puede fugar. Nunca logran la

libertad. Tienen que cumplir una sentencia de por vida en este centro superpoblado y desabastecido.

¿El nombre de la prisión? Lo verá a la entrada. Sobre el portón, en forma de arco están las letras fundidas en hierro que conforman su nombre:

N-E-C-E-S-I-D-A-D.

La prisión de la necesidad. Ha visto sus prisioneros. Tienen «necesidad». Siempre necesitan algo. Quieren algo más grande. Más hermoso. Más rápido. Más delgado. Necesitan.

No es mucho lo que necesitan. Solo quieren una cosa. Un nuevo trabajo. Un nuevo automóvil. Una nueva casa. Una nueva esposa. No quieren mucho. Solo una cosa.[3]

En una ocasión, Jesús quiso hablar sobre esa tendencia que tienen hasta los seres humanos más inteligentes de dejarse embaucar con respecto al dinero y pensar que provee satisfacción. Así que en su estilo de maestro-mentor, narró una historia.

> La heredad de un hombre rico había producido mucho. Y él pensaba dentro de sí, diciendo: ¿Qué haré, porque no tengo dónde guardar mis frutos? Y dijo: Esto haré: derribaré mis graneros, y los edificaré mayores, y allí guardaré todos mis frutos y mis bienes; y diré a mi alma: Alma, muchos bienes tienes guardados para muchos años; repósate, come, bebe, regocíjate. Pero Dios le dijo: Necio, esta noche vienen a pedirte tu alma; y lo que has provisto, ¿de quién será? Así es el que hace para sí tesoro, y no es rico para con Dios. (Lucas 12.16-21)

Suficiente nunca será suficiente. Te estás engañando si piensas que un poco más de dinero —o mucho más— te dará más paz, satisfacción o felicidad.

Cuando Jesús dijo: «Es mejor dar que recibir», no estaba simplemente dándonos una frase que pudiéramos citar en nuestras tarjetas navideñas. Él estaba hablando muy en serio. Realmente te gustará más tu vida, en verdad sentirás más paz si inviertes más tiempo pensando en cómo puedes dar en vez de estar pensando en cómo recibir.

> Cuando Jesús dijo: «Es mejor dar que recibir», no estaba simplemente dándonos una frase que pudiéramos citar en nuestras tarjetas navideñas. Él estaba hablando muy en serio. Realmente te gustará más tu vida, en verdad sentirás más paz si inviertes más tiempo pensando en cómo puedes dar en vez de estar pensando en cómo recibir.

Ilusión # 3: Tener más dinero me hará más generoso

A mi esposa Brandi y a mí siempre nos ha gustado ser los anfitriones en nuestra casa de grupos pequeños de estudio bíblico. Durante los quince años que llevamos casados, casi siempre hemos tenido un grupo que se reúne regularmente en nuestro hogar. Nunca olvidaré algo que ocurrió hace algún tiempo en uno de ellos.

En aquel entonces, estábamos laborando en Morgantown, Kentucky, y nuestro grupo se componía de matrimonios y personas solteras. Una de ellas era una soltera que trabajaba en una fábrica. La llamaré Peggy.

En esa noche en particular, estábamos hablando sobre la generosidad. Ella se había mantenido callada la mayor parte de la conversación, pero habló en el momento de las peticiones de oración al final y dijo: «Pete, no es ningún secreto para la mayoría de ustedes que juego a la lotería a menudo. Quiero pedirte a ti y al grupo que oren para que gane el Powerball de Kentucky esta semana. El premio llega a cuarenta y siete millones de dólares, y si gano esa cantidad de dinero, te garantizó que voy a regalar mucho de él».

Aquella petición me colocó en una posición muy difícil. Ni siquiera estaba seguro si, como pastor, me era permitido orar para que alguien ganara la lotería. Le pregunté si daría el diezmo de las ganancias y me contestó que sí. Así que oré intensamente. Pero cuando terminó la reunión, me provocó indagar un poco más en el asunto.

—Peggy, ¿repartes algo de tu dinero ahora? ¿Diezmas u ofrendas para alguna causa, algún individuo, cualquier cosa? —le pregunté.

—No, no realmente—, contestó, luego de pensar por unos segundos.

—Entre tú y yo, ¿cuánto dinero ganas al año?

—Aproximadamente veintiún mil dólares —me respondió.

—Peggy, ¿qué te hace pensar que serás generosa con cuarenta y siete millones de dólares si no lo eres con veintiún mil?

Se quedó sentada por unos momentos, pero realmente no tenía una respuesta. No insistí en el asunto porque, para ser sincero, hay momentos en los que me sorprendo yo mismo pensando igual que ella.

Tal vez esta sea una de las ilusiones más grandes con respecto al dinero. Pensamos que la única razón por la que no somos generosos es porque ahora estamos muy apretados y no ganamos mucho. Pensamos: «Cuando gane más dinero, comenzaré a ser generoso».

El problema es que realmente eso no opera así.

Varias encuestas recientes indican que las personas con salarios más bajos, en realidad, dan un mayor porcentaje de sus ingresos que lo que dan las ricas.[4] Mientras más recibes, más difícil se te hace ser generoso. Así que si no puedes ser generoso cuando te ganas veintiún mil dólares, no vas a serlo cuando ganes cuarenta y un mil. Si no eres generoso con cuarenta y un mil, no lo serás con ciento cuarenta mil.

Si no puedes ser generoso con lo que tienes ahora, muy probablemente nunca serás generoso con más.

LA TENSIÓN

¿Qué piensas? ¿Será posible que el dinero se haya convertido en un ídolo para ti? ¿Tal vez te estás apoyando en él para que te dé algo que solo Dios puede darte? He aquí algunas preguntas que te pueden ayudar a encontrar claridad.

- ¿Tienes mucho dinero en el banco pero no tienes paz en tu corazón?

- ¿Dices (o piensas) con frecuencia: «Si tuviera "tanto", me sentiría satisfecho»?
- ¿Pasas más tiempo pensando en lo que no tienes en vez de dar gracias a Dios por lo que tienes?

Y especialmente,

- ¿Acaso el deseo de tener más o el miedo a no tener suficiente impide con frecuencia tu deseo de ser generoso?

Jesús se enfocó en esta última pregunta cuando se encontró con un hombre al que con frecuencia nos referimos como «el joven rico»:

> Un hombre principal le preguntó, diciendo: Maestro bueno, ¿qué haré para heredar la vida eterna?
>
> Jesús le dijo: ¿Por qué me llamas bueno? Ninguno hay bueno, sino solo Dios. Los mandamientos sabes: No adulterarás; no matarás; no hurtarás; no dirás falso testimonio; honra a tu padre y a tu madre.
>
> Él dijo: Todo esto lo he guardado desde mi juventud.
>
> Jesús, oyendo esto, le dijo: Aún te falta una cosa: vende todo lo que tienes, y dalo a los pobres, y tendrás tesoro en el cielo; y ven, sígueme.
>
> Entonces él, oyendo esto, se puso muy triste, porque era muy rico.
>
> Al ver Jesús que se había entristecido mucho, dijo: ¡Cuán difícilmente entrarán en el reino de Dios los que tienen riquezas!
>
> Porque es más fácil pasar un camello por el ojo de una aguja, que entrar un rico en el reino de Dios. (Lucas 18.18-25)

¿Puedes ver lo que está ocurriendo en esta historia? El joven rico no estaba estableciendo la conexión entre su actitud hacia las posesiones y su relación con Dios. Estaba permitiendo que su dinero le cohibiera de experimentar la libertad de depender de su Padre celestial en vez de sus riquezas. Jesús quería que experimentara la realidad de que si bien es cierto que recibir puede ser bueno, el mayor beneficio llega cuando soltamos el embrague de lo que creemos que es nuestro y nos atrevemos a darlo.

Esa es la lección que pienso que todos necesitamos cuando se trata de nuestro dinero y nuestras vidas. Necesitamos descubrir la alegría de soltar, de dejar ir. En efecto, es probable que tengamos que aprender esto una y otra vez para contrarrestar las tentaciones de la idolatría en nuestras vidas.

Hay momentos en mi vida en los que siento que debo dar dinero para algo y una larga lista de preguntas se aglomera en mi mente:

- ¿Es realmente una buena causa?
- ¿Y qué de la educación universitaria de mis hijos?
- ¿Manejarán ellos correctamente este dinero?
- ¿Debería estar ahorrando para mi jubilación en vez de estar dando dinero para esta causa?
- ¿Y qué si se avería el coche y necesito dinero para una reparación de emergencia del motor?

> Quizás, solo quizás, no sea nuestra responsabilidad saber exactamente cómo es gastado nuestro dinero. Tal vez Dios está más interesado en nuestros corazones que en nuestras estrategias financieras. Quizás necesitamos aprender a simplemente soltar nuestro dinero y confiárselo a Dios.

Personas muy sabias nos han enseñado a ahorrar, ahorrar y ahorrar. Pero eso deja menos espacio para dar, dar y dar, y me pone en una posición en la que mi primer pensamiento acerca de dinero es ahorrar y no dar.

Ahora bien, no estoy promoviendo una estrategia descuidada hacia el dinero. No estoy diciendo que no debes tener ahorro o investigar a quién haces una donación. Pero quizás, solo quizás, no sea nuestra responsabilidad saber exactamente cómo es gastado nuestro dinero. Tal vez Dios está más interesado en nuestros corazones que en nuestras estrategias financieras. Quizás necesitamos aprender a simplemente soltar nuestro dinero y confiárselo a Dios.

La Biblia dice que el joven rico se marchó entristecido. Pero Jesús lo estaba aun más porque conocía qué gozo divino, qué propósito divino, se estaba perdiendo el joven rico. En el fondo, su problema no era que *tuviera* riquezas. Era que *confiaba* en sus riquezas. Y eso afectaba lo que él hacía con su dinero. Debido a que puso su fe en el dinero y no en Dios para que lo ayudara, él no fue capaz de usar sus dones en la manera que Jesús lo llamaba a que lo hiciera. Se perdió la seguridad, la satisfacción y la libertad que vienen cuando ponemos nuestra fe donde realmente pertenece.

Jesús no pudo haber sido más claro. Esa tensión estará presente toda tu vida. Todo en tu interior querrá volverse hacia el dinero para alimentar tus anhelos de seguridad, paz y felicidad. Todo en ti te instará a mantener tu dinero muy cerca en lugar de darlo.

No caigas en eso. Es una trampa.

Es más, la única manera que conozco para pelear contra el dinero y evitar que llegue a ser un ídolo, la única manera que conozco para romper el codicioso patrón de recibir, recibir y recibir en mi vida, es el que Jesús nos enseñó y nos modeló una y otra vez.

La forma saludable de manejar el dinero —y cualquier otro ídolo potencial en nuestras vidas— es dar, dar y dar, confiando en que Dios va a proveer lo que realmente necesitamos.

CAPÍTULO SIETE
LA RELIGIÓN MIENTE

Trevor es un buen amigo mío que ha sido pastor por casi treinta años. Hace poco nos reunimos para almorzar y noté que se veía algo cansado. En realidad, se veía extenuado.

Cuando le pregunté sobre su apariencia, las lágrimas comenzaron a bajar por su rostro.

«Pete, ¿alguna vez te has preguntado cuánto es suficiente? ¿Cuán bueno hay que ser para ser suficientemente bueno?»

En realidad no tenía una respuesta. Simplemente asentí para demostrarle que lo estaba escuchando. «He vivido la mayor parte de mi ministerio con el temor de no ser suficiente para Dios. Día tras día me cuestiono si realmente me ama o no. Y mientras más lo intento, más siento que estoy fallando».

NUNCA ES SUFICIENTE

Mi amigo Trevor no es el único en su lucha. Me parece que muchos luchamos con esa constante necesidad de agradar a Dios, de ganarnos su amor y su aceptación a través de nuestras buenas obras. A eso lo llamo estar en una «trotadora espiritual», una condición que hace que trabajemos con más y más ahínco y que nunca sintamos que estamos realmente progresando.

¿Cómo sabes si estás atascado en la trotadora espiritual? A continuación algunas preguntas que puedes hacerte:

- ¿Sospechas, en algún rincón de tu mente, que mientras más obedezcas a Dios, más te amará?
- A pesar de que conoces la verdad, ¿algo en ti cree que si eres una persona buena y moral aumentarás tus probabilidades de llegar al cielo?
- ¿Piensas que ser obediente a Dios debería aumentar tus probabilidades de tener mejor salud, más riquezas, más poder y más control?
- ¿Batallas regularmente con la incertidumbre sobre cómo están las cosas entre tú y Dios?

Nuestras vidas cuentan la historia una y otra vez: la religión simplemente puede ser otra promesa vacía. Siempre que ponemos nuestra fe en nuestra religión y no en el Dios viviente, eso es un ídolo.

La trotadora espiritual es movida por la suposición de que *si puedo hacer un poco más por Dios, sabré que me ama y me acepta.* Esta forma de pensar nos lleva a creer que la libertad existirá en el próximo nivel de logro espiritual. El problema es que, una vez alcanzamos nuestra meta, la barra de logros espiritual sigue subiendo. Siempre terminamos quedándonos cortos y usualmente sentimos la necesidad de, una vez más, compensar por nuestros fracasos. Así que tratamos y tratamos, y nunca parecemos llegar a ninguna parte.

Nuestras vidas cuentan la historia una y otra vez: la religión simplemente puede ser otra promesa vacía. Siempre que ponemos nuestra fe en nuestra religión y no en el Dios viviente, eso es un ídolo.

Esto ocurre con más frecuencia cuando las personas dependen de la rectitud de sus doctrinas o de sus acciones para medir si tienen un estatus satisfactorio ante Dios, en lugar de depender de él mismo y su gracia. Es un error sutil, pero fatal.

El asunto es que la religión tiende a detectar las inseguridades con las que luchamos y nos seduce. El ídolo de la religión susurra: «Si tan solo

- ofrendas más;
- participas más;
- sirves más;
- oras más;
- lees más;
- memorizas más;
- predicas más;
- evangelizas más;
- cantas más;

entonces, y solo entonces, estarás seguro. Entonces, Dios te amará. O a lo menos, si haces todo eso, te amará más».

Jesús le señaló esa misma falacia a su amiga Marta, un día en que las visitaba a ella y a su hermana María:

> Aconteció que yendo de camino, entró en una aldea; y una mujer llamada Marta le recibió en su casa. Esta tenía una hermana que se llamaba María, la cual, sentándose a los pies de Jesús, oía su palabra. Pero Marta se preocupaba con muchos quehaceres, y acercándose, dijo: Señor, ¿no te da cuidado que mi hermana me deje servir sola? Dile, pues, que me ayude. Respondiendo Jesús, le dijo: Marta, Marta, afanada y turbada estás con muchas cosas. Pero sólo una cosa es necesaria; y María ha escogido la buena parte, la cual no le será quitada. (Lucas 10.38-42)

Aparentemente, Marta estaba tratando de encontrar su identidad *haciendo* para el Señor en lugar de simplemente *estando* con el Señor, como su hermana María. Con mucha gentileza, Jesús la amonestó sin rodeos diciéndole que lo que él valoraba más no era su servicio, sino su corazón.

Yo tengo la tendencia de hacer lo mismo que Marta. Siempre me estoy dejando engañar por la mentira de que Dios se complace más conmigo cuando estoy haciendo algo por él, en lugar de simplemente tratar de estar con él. Cuando pienso de esa manera, corro el peligro de convertir a la religión en un ídolo.

Me parece que fue el gran Martin Luther King el que muy perspicazmente sugirió que la religión es el estado o método predeterminado del corazón humano. Y eso, sin duda, es cierto para mí y para muchas personas que conozco. Caemos muy fácilmente en ese modo de pensar en el que la iglesia llega a ser más importante que Cristo. Donde el ritual llega a ser más importante que la relación. Donde tachar de la lista cierta actividad religiosa llega a ser más importante que tu vecino. Y la lista sigue, sigue y sigue. Ese es el peligro.

Ese tipo de religión descansa en la premisa de que Dios se inclina, por naturaleza, a retener su amor, pero si nosotros nos sometemos al sistema, podríamos ganarlo . . . algún día. Irónicamente, nos dejamos engañar con facilidad por esa promesa vacía puesto que nuestros corazones anhelan amor y seguridad, y en algún punto del camino nos hemos convencido a nosotros mismos de que todo amor es condicional.

Así que nos montamos en la trotadora espiritual y corremos. Y corremos. Y corremos. Pero mientras más corremos, más exhaustos nos sentimos. Y todos los días nos preguntamos, anhelamos y deseamos haber hecho lo suficiente.

Todo es tan triste . . . y tan innecesario.

Porque la verdad es que, lo que tú haces *con* Jesús siempre ha sido más importante que lo que haces *para* Jesús.

NO LOS PRIMEROS

Como pastor, me encanta el libro de los Hechos. No solo porque me ofrece un fascinante cuadro de los altibajos de la iglesia primitiva, sino también porque me reafirma que la mía es mucho más normal de lo que pienso. El libro de los Hechos es también una rica fuente de perspectiva sobre la lucha de la iglesia primitiva con eso de convertir a la religión en ídolo.

Me parece que con frecuencia olvidamos que la mayoría de los primeros cristianos eran personas religiosas *antes* de comenzar a seguir a Jesús. Habían pasado la mayor parte de sus vidas practicando las costumbres religiosas de su fe judía. Cuando se convirtieron al cristianismo y prometieron seguir la senda de Cristo, muchos de ellos mezclaron y elevaron sus costumbres judías a un nivel malsano.

Por ejemplo, en Hechos 15 leemos:

> Entonces algunos que venían de Judea enseñaban a los hermanos: Si no os circuncidáis conforme al rito de Moisés, no podéis ser salvos. Como Pablo y Bernabé tuviesen una discusión y contienda no pequeña con ellos, se dispuso que subiesen Pablo y Bernabé a Jerusalén, y algunos otros de ellos, a los apóstoles y a los ancianos, para tratar esta cuestión. (vv. 1-2)

Casi puedo imaginarme a un grupo de gentiles del primer siglo en cierto tipo de clase para nuevos miembros, hablando sobre su nueva fe, cuando de pronto el líder judío dice:

—Ah, solo una cosa más, todos ustedes tienen que circuncidarse.

—¿Por qué tenemos que hacer algo así?

—Bueno, porque eso es lo que nosotros hacemos. Es lo que siempre hemos hecho. Es la señal fundamental del pacto entre Dios y nosotros.

—Pero nosotros pensábamos que Jesús era la señal fundamental. Pensábamos que solo teníamos que creer en él.

—Seguro, así es. Pero tienes que hacer esto también si quieres ser salvo.

Me parece que no tengo que explicar por qué tal vez eso no le cayó muy bien a los gentiles.

LA RELIGIÓN SIEMPRE AÑADE

Lo que estaba ocurriendo en la historia de Hechos 15 era que la religión estaba haciendo lo que siempre hace: añadir. Aquellos judeocristianos estaban tomando la salvación, que viene solo por medio de la fe en Jesús y lo que él hizo en la cruz, y le estaban añadiendo todos esos reglamentos, como la circuncisión. Crearon una ecuación que se ve como algo así:

Jesús + circuncisión = salvación

Ahora bien, nosotros miramos eso y pensamos: «Bueno, eso es una tontería. No tienes que ser circuncidado para ser cristiano». Pero la realidad es que casi todas las generaciones y todas las culturas han sido tentadas a añadir algo a esa ecuación. Por ejemplo:

- Jesús + ser bautizado por inmersión = salvación
- Jesús + realizar el acto de la comunión de cierta manera = salvación
- Jesús + votar republicano (o demócrata) = salvación
- Jesús + ser miembro de una iglesia = salvación

Existen docenas y docenas de cosas con las que hemos intentado llenar ese espacio en blanco. Y cada vez que lo hacemos, estamos mezclando ley con gracia . . . algo peligrosamente cercano a convertir la religión en ídolo.

Hechos 15 es un recordatorio de que la religión siempre tiende a complicar lo que Dios hizo sencillo. Siempre está intentando elevar una acción o una experiencia al estatus de ídolo sumándola a Jesús.

REACCIÓN RELIGIOSA

Pero veamos lo que sucede luego. En lo que parece ser una de las primeras reuniones administrativas de la iglesia, los primeros creyentes se reunieron para discutir el asunto de la circuncisión.

> Pero algunos de la secta de los fariseos, que habían creído, se levantaron diciendo: Es necesario circuncidarlos, y mandarles que guarden la ley de Moisés.
>
> Y se reunieron los apóstoles y los ancianos para conocer de este asunto. Y después de mucha discusión, Pedro se levantó y les dijo: Varones hermanos, vosotros sabéis cómo ya hace algún tiempo que Dios escogió que los gentiles oyesen por mi boca la palabra del evangelio y creyesen. Y Dios, que conoce los corazones, les dio testimonio, dándoles el Espíritu Santo lo mismo que a nosotros; y ninguna diferencia hizo entre nosotros y ellos, purificando por la fe sus corazones. (vv. 5-9)

La religión siempre tiende a complicar lo que Dios hizo sencillo. Siempre está intentando elevar una acción o una experiencia al estatus de ídolo sumándola a Jesús.

¿Notaste lo que dice ese último versículo? Dice que Dios «no hace distinción» entre los dos grupos. Y, sin embargo, la religión sí la hace. La religión no solo complica las cosas. También divide a la gente.

> Ahora, pues, ¿por qué tentáis a Dios, poniendo sobre la cerviz de los discípulos un yugo que ni nuestros padres ni nosotros hemos podido llevar? Antes creemos que por la gracia del Señor Jesús seremos salvos, de igual modo que ellos. (vv. 10-11)

Los que insistían en la circuncisión estaban levantando otra vez la pared entre gentiles y judíos que Jesús había derribado en la cruz. Estaban colocando sobre los gentiles un yugo pesado e insoportable. Esos judíos legalistas estaban bloqueando el nuevo camino a Dios que Jesús había abierto cuando murió y resucitó.

Todavía recuerdo una de las primeras dosis de esa religión que tuve que consumir. Ocurrió cuando estaba en la secundaria. Uno de mis amigos me llevó a rastras a un servicio de avivamiento en una iglesia. Habían montado una enorme carpa en el estacionamiento y todos nos apretujamos en ella para ver lo que pasaría.

Los primeros treinta minutos, más o menos, los pasamos mirando escenas algo cómicas presentadas por otros adolescentes. Realmente no entendía cómo el vestirse todo de negro y pretender ser un mimo, a la vez que representaban una canción cristiana contemporánea, debía captar mi atención, pero ellos parecían estar pasándola muy bien.

Cuando los mimos terminaron, un predicador ocupó el púlpito y comenzó a predicar a todos los adolescentes que estábamos allí. Si bien es cierto que no recuerdo todos los detalles del mensaje, sin duda evoco los puntos principales. Fueron básicamente: no fumes, no uses palabras obscenas, no tomes bebidas alcohólicas, no tengas sexo y no juegues naipes (todavía no entiendo eso de los naipes).

El predicador terminó el mensaje pidiendo y suplicando de una forma muy apasionada que cualquiera de nosotros que hubiera cometido alguna de aquellas cinco abominaciones que pasara al frente y se arrepintiera para poder ser salvo. Tengo que admitir que, en ese punto de mi vida, había cometido cuatro de las cinco. Había jugado naipes, había usado lenguaje obsceno y las otras dos, bueno, esas no vienen al caso. (Este no es un libro de confesiones.)

Pero tengo que decirte, de la manera en que aquel predicador presentó esa información no me hizo desear hacer ninguna confesión ni comenzar a seguir a Cristo. Me provocó irme de allí y hacer lo único que todavía no había hecho en la lista.

El enfoque del predicador no era Cristo ni la vida que vino a ofrecer, sino el moralismo y la modificación de conducta. Y para nada le creí.

Me parece que aquel predicador había sido engañado por una trampa común del enemigo, para que nos salgamos por la tangente y perdamos de vista de lo que realmente se trata el seguir a Jesús. Y muchas veces veo ese tipo de mala orientación en los ministerios juveniles. Ponemos demasiado énfasis en lo negativo y les damos a los jóvenes la impresión de que el cristianismo es una religión de reacción. Por eso los perdemos a medida que van creciendo. Ellos ven el cristianismo como una camisa de fuerza religiosa de la que tienen que escapar si es que quieren tener algo de diversión.

El enfoque religioso y regulatorio del cristianismo está completamente equivocado: «¡No lo toques! ¡No lo pruebes! ¡No lo hagas! ¡No lo intentes!»

DESCARTA TUS PREFERENCIAS

Regresemos a Hechos 15 y a la discusión sobre la circuncisión que todavía continuaba. Debatieron otra vez el asunto; Pablo y Bernabé hablaron sobre algunas de las señales y maravillas que Dios había estado haciendo entre los gentiles. Finalmente Jacobo, el hermano de Jesús, se puso de pie y dio un estupendo discurso:

> Varones hermanos, oídme. Simón ha contado cómo Dios visitó por primera vez a los gentiles, para tomar de ellos pueblo para su nombre. Y con esto concuerdan las palabras de los profetas, como está escrito:
>
> > *Después de esto volveré*
> > *Y reedificaré el tabernáculo de David, que está caído;*
> > *Y repararé sus ruinas,*
> > *Y lo volveré a levantar,*
> > *Para que el resto de los hombres busque al Señor,*
> > *Y todos los gentiles, sobre los cuales es invocado mi nombre,*
> > *dice el Señor, que hace conocer todo esto desde tiempos antiguos.*
>
> Por lo cual yo juzgo que no se inquiete a los gentiles que se convierten a Dios. (vv. 13-19)

¡Vaya mensaje! Jacobo le estaba asestando un duro golpe a la idolatría religiosa y pidiéndoles a sus compañeros cristianos, en términos muy claros, que no le añadieran nada al evangelio. Que no pusieran obstáculos innecesarios en frente de las personas que estaban tratando de acercarse a Dios. Que no permitieran que las tradiciones, opiniones o preferencias se interpusieran ante alguien que deseaba conocer y seguir a Jesucristo, o que estorbara su propio discipulado.

Lo esencial de este mensaje es: No confíes en esas cosas para que te den lo que solo Dios puede darte.

Esto es un asunto serio, amigos. Siempre que le añadimos al evangelio, estamos negando la obra consumada de Jesucristo en la cruz.

NO LO SUFICIENTEMENTE GRANDE

Lo importante en la controversia sobre la circuncisión era que la religión, con todas sus tradiciones y preferencias, era lo suficientemente grande para contener a nuestro Dios. Y este fue el detalle en una pregunta que Felipe confrontó cuando conoció a un funcionario etíope de camino a Gaza.

Me fascina la historia tal como se desarrolla en Hechos 8. Es una demostración vívida de la importancia de trascender la adoración religiosa de los ídolos y vivir en fe.

Lo que ocurrió, básicamente, fue que Felipe iba andando por el camino y se encontró a un etíope en su carro. El hecho de que el hombre estuviera leyendo el libro de Isaías demuestra que estaba interesado en el judaísmo. Pero resultó que era también eunuco, lo que significaba que aunque podía convertirse al judaísmo, no podía participar cabalmente en la congregación (Deuteronomio 23.1). Aunque estaba viajando a Jerusalén para adorar, aun así sería considerado como un extraño y forastero.[1]

Como seguidor judío de Jesús, y buen conservador y cumplidor de las reglas, Felipe pudo haber visto al eunuco como «mercancía dañada» o como alguien que simplemente no calificaba para formar parte de su grupo. Pudo haberse negado a enseñarle o a aceptarlo basándose en eso. Si Felipe realmente aceptaba al forastero eunuco en su fe, estaría violando una tradición en la cual había sido criado, la que respetaba y seguía; además, Felipe había sido educado en la creencia de que seguir las tradiciones determinaba su posición ante Dios.

Esa es la tensión que se sintió a través de todo el Nuevo Testamento, la iglesia primitiva, y yo argumentaría que hasta el día de hoy.

¿Qué haces cuando tu religión no es lo suficientemente grande para Dios?

Esa es la tensión que se sintió a través de todo el Nuevo Testamento, la iglesia primitiva, y yo argumentaría que hasta el día de hoy. ¿Qué haces cuando tu religión no es lo suficientemente grande para Dios?

Cuando convertimos la religión en un ídolo, elevamos tanto las tradiciones y preferencias de nuestro grupo que podemos limitar gravemente lo que creemos que es posible para Dios. Tal vez Dios está tratando de hacer algo mucho mejor y más convincente que lo que nuestras tradiciones y preferencias nos han llevado a creer que es posible.

Tenemos que comenzar a entender que Dios no se dejará llevar por nuestras reglas, ni será encajonado por nuestras ideas ni bailará al son del ídolo de la religión.

Afortunadamente, Felipe fue capaz de seguir la dirección de Dios más allá del estrecho cajón de su religión. Él aprovechó la oportunidad para, primero, presentarle a Jesús al eunuco etíope, y luego bautizarlo, dándole así la bienvenida a ese forastero al círculo de bienvenidos por Dios que se estaba expandiendo. En el proceso, encontró la forma de salir de la idolatría religiosa y llegar a la verdadera libertad de la fe.

Un camino que Jesús mismo abrió primero.

AMA MENOS A TODO LO DEMÁS

Creo que las personas me hacen más preguntas sobre la enseñanza de Jesús en Lucas 14 que probablemente de cualquier otro pasaje en la Biblia:

> Grandes multitudes iban con él; y volviéndose, les dijo: Si alguno viene a mí, y no aborrece a su padre, y madre, y mujer, e hijos, y hermanos, y hermanas, y aun también su propia vida, no puede ser mi discípulo. (vv. 25-26)

¿Qué? ¿Aborrecer a tu padre y a tu madre? ¿Aborrecer a tu esposa? ¿A tus hijos? ¿De qué estaba hablando Jesús?

Bueno, sin duda no nos está invitando a aborrecer a nuestras familias. Unos capítulos antes de este pasaje, cuando le preguntaron cuál era la ley más importante, se le cita diciendo: «Amarás al Señor tu Dios con todo tu corazón, y con toda tu alma, y con todas tus fuerzas, y con toda tu mente; y a tu prójimo como a ti mismo» (Lucas 10.27).

Más tarde les dijo a sus discípulos: «Esto os mando: Que os améis unos a otros» (Juan 15.17).

Entonces, ¿qué está pasando aquí?

Primero, debes entender que Jesús estaba utilizando una hipérbole. Estaba usando la exageración para plantear o enfatizar su punto, algo que nosotros hacemos todo el tiempo.

El otro día mi hijo quería ir a un partido de baloncesto y, cuando le dije que no podía, me contestó: «Pero papá, todo el mundo va a estar allí». ¿Se refería a que la población mundial de 6.6 billones de personas estaría en ese partido? Seguro que no; estaba exagerando para exponer su argumento y yo entendí exactamente lo que quería decir.

Creo que Jesús estaba haciendo lo mismo cuando les dijo a sus seguidores que aborrecieran a sus familias. Estaba usando una hipérbole para decir: «Todas las demás relaciones y actividades deben palidecer en comparación a seguirme a mí».

En otras palabras: «No tomes lo que es bueno y lo conviertas en lo fundamental».

¿Acaso no es eso lo que ocurre frecuentemente con la religión? Tomamos las tradiciones y las preferencias, que son estupendas y maravillosas, y las convertimos en lo fundamental. Les damos estatus de ídolos.

Después de muchísimo tiempo reflexionando en este pasaje, en una ocasión escribí esto en mi diario: «Pete, tu mayor tentación en la vida no será ir tras lo que es ridículamente malo, sino tras lo que es engañosamente bueno».

Si bien es cierto que no te conozco personalmente, creo que es muy probable que esa también sea tu mayor tentación.

¿Sabes? Jesús nunca dijo que no podías tener preferencias religiosas.

No hay nada malo en preferir la música tradicional o la música contemporánea.

No hay nada malo en querer ir a la iglesia en un gimnasio o hasta debajo de un puente, en lugar de asistir a un edificio con campanario.

No hay nada malo con querer participar de la comunión todas las semanas en vez de cada tres meses.

No hay malo con tener un corazón inclinado a la justicia social, a la memorización de la Biblia o a ser parte de un grupo comunitario.

Jesús simplemente dijo, no permitas que esas preferencias y tradiciones se conviertan en leyes que otras personas estén obligadas a obedecer si ellas quieren seguirlo a él. No tomes lo que es bueno y lo conviertas en lo fundamental.

Otra manera de decir esto es: cuídate de no adorar algo bueno como algo divino, porque eso es un objeto de idolatría que se convertirá en algo destructivo.

¿Por qué? Simplemente porque ni la tradición ni la preferencia religiosa puede purificar el corazón de un pecador o darle vida eterna. Ninguna ley ni regla jamás provocará una explosión de amor y gozo en el corazón humano. Lo que la ley no podía hacer, Dios lo hizo a través de su único Hijo Jesús. Pero la religión tiene la tendencia de quitar el enfoque en lo que Cristo hizo y centrarlo en nuestros propios esfuerzos. Tiende a desviar nuestro enfoque hacia lo que llena el blanco de Jesús + __________, en lugar de en la cruz.

Tu mayor tentación en la vida no será ir tras lo que es ridículamente malo, sino tras lo que es engañosamente bueno.

RELIGIÓN FRENTE A EVANGELIO

Creo que esta es la mayor diferencia entre la religión creada por el hombre, que lleva a la idolatría, y el evangelio dado por Dios, que dirige a la verdadera transformación.

Martin Lutero dijo con mucha razón que, como pecadores, tendemos a perseguir una relación con Dios por medio de dos canales distintos. El primero es la religión y el segundo es el evangelio. Y los dos son completamente antitéticos.

La religión dice que si obedecemos a Dios, él nos amará.

El evangelio dice que dado que Dios ya nos ha amado por medio de Jesús es que *podemos* obedecerle.

La religión dice que debemos confiar en lo que hacemos como personas buenas y morales.

El evangelio dice que debemos confiar en la vida perfecta y sin pecado de Jesús porque él es la única persona buena y moral que jamás vivirá.

El enfoque de gran parte de la religión es obtener salud, riqueza, perspectiva, poder y control por parte de Dios.

El enfoque del evangelio no es en los dones que Dios otorga, sino en Dios mismo —en la forma de Jesús— como el don dado a nosotros por gracia.

La religión se trata de lo que tengo que hacer.

El evangelio se trata de lo que puedo llegar a hacer.

La religión conduce a la incertidumbre sobre mi posición delante de Dios porque nunca sé si he hecho lo suficiente para agradar a Dios.

El evangelio conduce a la certeza sobre mi posición delante de Dios debido a la obra consumada por Jesús en la cruz a mi favor.

Cuando no nos enfocamos ni creemos en la verdad acerca de quién es Jesús, cuando pasamos por alto el impacto de su muerte expiatoria en la cruz y su triunfal resurrección, se nos hace virtualmente imposible resistir las promesas vacías de este mundo, incluyendo las de la religión. Porque nuestras vidas tienen que ser llenadas por algo. Simplemente fuimos creados así.

UN MAR SIN ORILLA

En estos momentos estoy por terminar una temporada ministerial muy agotadora. Entre las predicaciones semanales en mi iglesia, las disertaciones frecuentes en conferencias en otras congregaciones y terminar una gira internacional para promocionar mi libro, estoy extenuado.

Pero no puedo culpar a nadie excepto a mí mismo. Tomé algunas malas decisiones en términos de mi itinerario que me trajeron hasta aquí, por lo que he aprendido algunas duras lecciones en el proceso.

Esto es lo que estoy notando. Cuando me siento física y mentalmente agotado, regreso a la tendencia de tratar de ganarme el amor de Dios.

Permito que la culpa me abrume.

Permito que las dudas me consuman.

Cuestiono los propósitos de Dios a cada instante.

Comienzo a preguntarme si él realmente se preocupa o sabe.

Esta semana fui orador en un barco de crucero. (Espero que sientas pena por la difícil vida que vivo.) Nunca antes había estado en uno y menos aún en medio del mar. En un momento dado, estuvimos treinta y seis horas en mar abierto, sin ver tierra.

Era irreal pararse en la cubierta del barco y mirar a la distancia. Durante horas, todo lo que veías hasta donde alcanzaba tu vista, era agua, agua y más agua. Solo el indómito, envolvente e infinito mar.

Uno de mis directores de adoración preferidos, David Crowder, tiene un cántico de adoración que se titula «A veces», y su poderoso coro se refiere al amor de Dios como «un mar sin orilla».[2]

Por eso pensé en esa letra hermosa mientras leía estas bellas palabras de Pablo en Romanos 8.31-34:

> ¿Qué podemos decir acerca de cosas tan maravillosas como éstas? Si Dios está a favor de nosotros, ¿quién podrá ponerse en nuestra contra? Si Dios no se guardó ni a su propio Hijo, sino que lo

> entregó por todos nosotros, ¿no nos dará también todo lo demás? ¿Quién se atreve a acusarnos a nosotros, a quienes Dios ha elegido para sí? Nadie, porque Dios mismo nos puso en la relación correcta con él. Entonces, ¿quién nos condenará? Nadie, porque Cristo Jesús murió por nosotros y resucitó por nosotros, y está sentado en el lugar de honor, a la derecha de Dios, e intercede por nosotros. (NTV)

Solo piensa en esto. Si Dios está a favor de nosotros, ¿quién podrá ponerse en nuestra contra? Pues Dios mismo nos está defendiendo. El apóstol continúa:

> ¿Acaso hay algo que pueda separarnos del amor de Cristo? ¿Será que él ya no nos ama si tenemos problemas o aflicciones, si somos perseguidos o pasamos hambre o estamos en la miseria o en peligro o bajo amenaza de muerte? (Como dicen las Escrituras: «Por tu causa nos matan cada día; nos tratan como a ovejas en el matadero».) Claro que no, a pesar de todas estas cosas, nuestra victoria es absoluta por medio de Cristo, quien nos amó.
>
> Y estoy convencido de que nada podrá jamás separarnos del amor de Dios. Ni la muerte ni la vida, ni ángeles ni demonios, ni nuestros temores de hoy ni nuestras preocupaciones de mañana. Ni siquiera los poderes del infierno pueden separarnos del amor de Dios. Ningún poder en las alturas ni en las profundidades, de hecho, nada en toda la creación podrá jamás separarnos del amor de Dios, que está revelado en Cristo Jesús nuestro Señor (vv. 35-39, NTV).

¿No te parece que es un pasaje maravilloso, capaz de cambiar nuestra perspectiva? Se enfoca en las dos razones clave por las que la religión puede convertirse tan fácilmente en un ídolo:

1. Todos tenemos un desesperado anhelo de amor.
2. Con frecuencia pensamos que el amor de Dios es limitado y condicional.

Yo sé que de este lado del cielo jamás seré capaz de comprender a cabalidad la magnitud del amor de Dios por mí y por las personas de este mundo, pero me siento profundamente agradecido por esos momentos en los que puedo echar un pequeño vistazo a su envolvente e infinito amor. Ese que realmente es como un mar sin orilla.

Simplemente imagina la libertad que llega con tan solo creer que Jesús es en verdad suficiente. ¿Qué ocurriría en tu vida si comenzaras a entender que Dios no espera ni desea que te ganes su amor sino que él, por medio de Jesús, ha estado persiguiéndote con amor desde el comienzo?

Simplemente imagina la libertad que llega con tan solo creer que Jesús es en verdad suficiente. ¿Qué ocurriría en tu vida si comenzaras a entender que Dios no espera ni desea que te ganes su amor sino que él, por medio de Jesús, ha estado persiguiéndote con amor desde el comienzo?

No es Jesús más nada lo que te da salvación.

No es Jesús más nada lo que nos ofrece propósito, bienestar o seguridad.

No es Jesús más nada lo que define nuestra identidad.

Solo es Jesús. Cualquier otra cosa es simplemente una promesa vacía.

CAPÍTULO OCHO
ADICTOS A LA BELLEZA

Cuando era una jovencita de catorce años, Annie pasaba sus tardes hojeando viejos álbumes, mirando fotos de su mamá cuando tenía su misma edad. Pero esta no era una actividad inofensiva. Era una expresión de dolor.

Annie es mi amiga. La conozco hace muchos años y siempre he sido consciente de que la imagen es extremadamente importante para ella. Annie era una de esas mujeres que siempre se veía perfectamente arreglada: cada cabello en su sitio, maquillaje en su punto, vestimenta inmaculada. En el tiempo que la conozco, ha sido obvio para mí que su identidad y su valor propio en gran medida han estado arraigados en la certeza de que se ve atractiva ante los ojos de los demás. Sin embargo, no tenía idea de dónde venía esa preocupación excesiva por su apariencia hasta que un día me contó que era debido a la manera en que su mamá la había tratado.

«¿Cómo es eso?», le pregunté. «¿Qué papel juega tu mamá en todo eso?» Annie comenzó a contarme una de las historias más torcidas y desgarradoras que jamás haya escuchado.

«Cuando tenía catorce años, comencé a percatarme de que ciertas chicas recibían atención por verse de cierta manera, mientras que otras eran ignoradas o ridiculizadas. Y claro, quería que me vieran como a una chica bonita, así que hice todo lo posible por imitar a las muchachas a las que consideraba que eran vistas de esa manera. Desde lo que vestía, hasta el maquillaje que usaba y la forma de peinarme el cabello, todo se convirtió en un pensamiento constante.

»Me pasaba horas mirando las fotos de mi mamá cuando era adolescente. Ella era hermosa. Me preguntaba si alguna vez sería tan linda como ella.

»Una noche, me estaba arreglando para ir de tiendas con unas amigas. Cuando me estaba subiendo al coche, mi mamá me miró y me dijo: "¿Qué crees que estás haciendo?" A lo que respondí: "¿Qué pasa, mamá?". Ella me dijo:

"Annie, no puedes salir sin maquillaje. ¿Estás loca? ¡Te ves horrible!.

»Así que, a los catorce años, los comentarios de mamá tuvieron un inequívoco impacto en mí. Un año más tarde, me castigó en mi habitación por toda una semana porque un día fui al colegio sin maquillaje. En la noche de mi baile de graduación, entró en mi habitación, unos minutos antes de que llegara mi pareja. En un arranque de cólera, me tomó del brazo y desarregló mi cuidadosamente arreglado peinado, y me gritó: "¡No puedes salir así! Tu pelo se ve horrible. ¡Arréglatelo ahora mismo!"»

Mientras Annie me contaba su historia aquella tarde, noté que sus manos estaban temblando. Al meditar en todo el abuso verbal y psicológico que había soportado, su conducta cobró mucho sentido. Ahora entendía por qué había hecho un ídolo de la belleza y dependía de su apariencia para que le diera la afirmación que solo Dios podía darle.

EL LAZO DE CASTIGO

Mi amiga Annie no es la única que sufre eso. Según una encuesta reciente, en promedio, las mujeres tienen trece ideas negativas acerca de su cuerpo diariamente;[1] pensamientos como:

- *Estoy muy gorda.*
- *Estoy muy delgada.*

- *Mis senos son muy pequeños.*
- *Mis orejas son muy grandes.*
- *Mi cabello es muy rizado.*
- *No valgo nada.*
- *Ningún hombre se fijará en mí.*

Esa autocrítica comienza temprano. Otro estudio demostró que casi la mitad de las niñas entre los tres a seis años ya se preocupa por la gordura y cerca de una tercera parte de ellas dicen que quieren cambiar algo de su cuerpo.[2]

Sin embargo, el asunto de la apariencia ciertamente no se limita a las niñas y a las mujeres. Los hombres también luchan con eso. Todavía recuerdo a una edad muy temprana estar preocupado por tener el último y el mejor modelo de zapatos tenis. Recuerdo a unos muchachos en el séptimo grado burlándose de una chaqueta que yo usaba para el colegio. Recuerdo la vergüenza que sentí cuando comencé a padecer de acné.

La mayoría descubrimos muy temprano en la vida que la apariencia parece tener mucha importancia en nuestra cultura.

Lee cualquier revista.

Mira cualquier anuncio.

Entra en cualquier salón y mira dónde se enfocan los ojos de la multitud.

La televisión, las películas, las revistas y los anuncios publicitarios nos bombardean a diario con las mismas promesas vacías:

- «Cómo verte hermosa en diez días o menos»
- «Cómo verte veinte años más joven»
- «Elimina esa horrible celulitis»
- «Usa este champú y pelea contra esa calvicie»
- «Usa este producto y las mujeres llegarán a ti a tropel»

¿Y todo para qué? El cuerpo perfecto. La imagen inmaculada. La apariencia acertada.

Pero es mucho más que solo eso, ¿no te parece? De lo que se trata es de la satisfacción. Es un asunto de sentirnos admirados, deseados y, a fin de cuentas, amados. En cierto sentido, es otro asunto de poder: controlar la forma en la que otros responden a nosotros. Nuestra cultura dominante parece estar completamente inmersa en la adoración al ídolo de la apariencia.

Hace unos años, el artista británico Marc Quinn captó los titulares por crear una escultura de oro en tamaño real de la supermodelo Kate Moss, que según se dice costó casi tres millones de dólares. Cuando le preguntaron por qué erigió la más grande de esas creaciones desde los tiempos del antiguo Egipto, Quinn respondió: «Pensé que el siguiente paso debía ser levantar una escultura de la persona que representa el ideal de la belleza del momento».[3]

Esta escultura es evidencia de cómo la sociedad celebra a las supermodelos como ejemplos de perfección física; un ejemplo exagerado de la tendencia de nuestra sociedad a adorar frente al altar de la belleza.

Bueno, toma un breve momento para reflexionar si eso puede ser o no algo con lo que estés luchando.

- ¿Te da trabajo concentrarte si no sientes que te ves impecable?
- ¿Te molestas, sientes envidia o emites juicios fácilmente contra aquellas personas que representan el tipo de belleza que piensas que jamás lograrás alcanzar? Por ejemplo, ¿tiendes a hacer comentarios ofensivos acerca de las personas más jóvenes, las rubias, la gente musculosa o insoportablemente delgada?
- ¿Tiendes a preocuparte más por cómo te ves por fuera que por la persona en la que te estás convirtiendo por dentro?
- ¿Tiendes a emitir juicios precipitados tan pronto conoces a una persona por primera vez?
- ¿Te has percatado ocasionalmente de que estás dedicando una cantidad inapropiada de tiempo al cabello,

maquillaje, gimnasio, ropa y otras cosas relacionadas con la apariencia? ¿Has prometido alguna vez dejar de hacerlo y no lo has logrado?
- ¿Dedicas más tiempo leyendo sobre cómo verte más atractiva que el que le concedes a la Palabra de Dios para que moldee tu alma?
- ¿Te repites regularmente los comentarios negativos que otras personas han dicho sobre tu apariencia, hasta el punto en que a veces afecta tu estado anímico?
- ¿Te interesa más verte como alguien que acaba de salir de una revista que lo que te interesa llegar a ser el hombre o la mujer que Dios pensó cuando te creó?

Me sorprendería mucho si por lo menos una o dos de esas preguntas no toca una vena sensible en ti. La verdad es que, en esta cultura, es muy difícil escapar de la adoración en el altar de la apariencia. Así que echemos un vistazo a algunas de las mentiras fundamentales que nuestra cultura nos ha inculcado con respecto a cómo nos vemos.

MENTIRA # 1: LA BELLEZA ME PERMITIRÁ ALCANZAR LO QUE QUIERO

En realidad, a corto plazo, esta primera declaración no es para nada mentira. Pero la frase importante aquí es «a corto plazo».

La belleza en verdad me puede ayudar a obtener lo que quiero . . . por algún tiempo. Es difícil discutir el hecho de que las personas bien parecidas con frecuencia son recompensadas con trabajos, amistades, relaciones y atención. Pero la apariencia, como todos los demás ídolos que hemos visto, al fin se revela a sí misma como una promesa vacía.

Existen varias razones para ello. Para empezar, la belleza al fin y al cabo se desvanece por sí misma. Es más, aunque la dieta, el ejercicio, el teñirse el cabello y la cirugía plástica pueden retrasar el

La belleza en verdad me puede ayudar a obtener lo que quiero . . . por algún tiempo. Es difícil discutir el hecho de que las personas bien parecidas con frecuencia son recompensadas con trabajos, amistades, relaciones y atención. Pero la apariencia, como todos los demás ídolos que hemos visto, al fin se revela a sí misma como una promesa vacía.

proceso, no lo detienen. Así que por razones puramente físicas, el ídolo de la apariencia, a la larga, defrauda a todo el mundo.

Pero aun si el aspecto físico pudiera mantenerse para siempre, la apariencia sería una promesa vacía ya que no puede proveer lo que le pedimos. La belleza externa simplemente no puede darnos la satisfacción personal que con tanta desesperación anhelamos.

Nunca es suficiente

La historia bíblica de Raquel (Génesis 29—30) es un excelente ejemplo de ello. Ya antes vimos esta historia desde el punto de vista de Jacob, que a la larga sería el esposo de Raquel. Pero mirémosla otra vez desde el punto de vista de Raquel.

No olvides que ella había sido sumamente bendecida en el departamento de la belleza. Era mucho más hermosa que Lea, su hermana mayor. En efecto, era tan hermosa que tan pronto Jacob puso los ojos en ella, se enamoró al instante. Hasta el punto que acordó trabajar para el padre de ella, Labán, un total de catorce años a fin de ganar su mano en matrimonio. ¡Catorce años! Pese a que Labán lo engañó para que se casara con Lea primero, persistió hasta que también obtuvo a Raquel. Tanto así significaba ella para él.

Raquel era hermosa, tenía la devoción y el amor de su esposo. Ninguna mujer desearía algo más, ¿cierto?

Falso.

Lo que más deseaba Raquel era básicamente lo que todos deseamos: lo que no tenemos. Y lo que Raquel no tenía eran hijos.

Los celos y la frustración de ella aumentaban a medida que veía a Lea dar a luz a seis hijos consecutivos, hasta a una hija. Cada vez que uno de esos bebés lloraba, cada vez que uno de aquellos niños celebraba un cumpleaños, cada hecho memorable, era un doloroso recordatorio para Raquel de que su vida no era lo que ella quería. A pesar de ser tan bendecida, no podía enfocarse en otra cosa excepto en lo que no tenía.

En un momento de total desesperación, por fin le grita a Jacob: «Dame hijos, o si no, me muero» (Génesis 30.1). En esencia, estaba declarando que no valía la pena vivir a menos que tuviera hijos.

A pesar de que Raquel era hermosa, anhelaba un hijo desesperadamente para probar su valor e importancia. Pero, ¿qué ocurriría una vez lo tuviera?

No tenemos que imaginarlo porque Génesis nos relata toda la historia. Dios fue benévolo con ella y al fin lo tuvo. Lo llamó José, que significa: «Añádame Jehová otro hijo».

¿Puedes ver lo que está ocurriendo? Aun en el momento en el que finalmente Raquel recibió lo que pensaba que deseaba, ella se dio cuenta de que era una promesa vacía y anhelaba algo más; en este caso, otro hijo. Era algo que creía que debía tener, por eso lo convirtió en su dios.

Así es la naturaleza misma de la idolatría y las promesas vacías. Cada vez que falla eso que estás persiguiendo para que te dé lo que solo Dios puede darte, pasas a la siguiente cosa.

Así es la naturaleza misma de la idolatría y las promesas vacías. Cada vez que falla eso que estás persiguiendo para que te dé lo que solo Dios puede darte, pasas a la siguiente cosa.

Ahora bien, querer tener hijos no fue lo que hizo que Raquel fuera idólatra. No hay nada malo con desear tenerlos, de la misma forma que no hay nada intrínsecamente malo con el deseo de verse bien. No, Raquel fue idólatra porque su anhelo de tener hijos era su mayor deseo. Era lo que tenía que tener para sentirse viva y realizada.

Pero la gran ironía es que mientras más nos enfocamos en un ídolo, menos satisfechos nos sentimos en el interior. Nuestra búsqueda perenne termina en un gran vacío, sin alcanzar nunca la satisfacción que anhelamos, porque los ídolos de los que dependemos —sobre todo la apariencia— no son capaces de cumplir sus promesas.

Tengo que poseerlo

Me avergüenzo por las muchas veces en las que he caído en la misma trampa que Raquel y he gritado (audible o internamente): «Dame eso o si no me muero».

¿Existe algo en tu vida que tu corazón anhela tanto que piensas: «Tengo que poseerlo para que mi vida sea feliz y significativa»?

Si tu respuesta a esa pregunta es cualquier cosa que no sea Dios, sabes que ese es tu ídolo. Eso es lo que actúa como tu deidad.

- *Si fuera un poco más guapo o más bonita, sería feliz.*
- *Si tan solo pudiera casarme, me sentiría realizada.*
- *Si tan solo pudiéramos tener un hijo, me sentiría satisfecha.*
- *Si tan solo viviéramos en una casa más grande, me sentiría complacido.*
- *Si tan solo me ascendieran a presidente (o ejecutivo), me sentiría feliz.*

¿Te parece conocido? Si es así, es posible que ya te hayas percatado de la trampa; es decir, cualquier cosa que no sea Dios al fin te defraudará. Enfocarte en la apariencia o en cualquier otra cosa en la que este mundo centre su importancia te dejará sintiendo miserable, triste, inútil y desesperado porque no puede sanar tu vacío interior.

La trampa destructiva

Pienso que la mayor parte del tiempo no tenemos la más mínima idea de cuán letales los ídolos, como la apariencia, pueden ser realmente. No tenemos idea de los caminos tan destructivos por los que nos pueden llevar esas promesas vacías.

Jesús fue muy claro al respecto cuando dijo: «El ladrón no viene sino para hurtar y matar y destruir» (Juan 10.10). No existe ninguna forma más rápida y eficaz en la que el ladrón nos lleve a la destrucción que haciéndonos creer una de sus promesas vacías. Estoy absolutamente convencido de que uno de los planes más generalizados que tiene el maligno para nuestra cultura es la promesa vacía que viene con el encumbramiento de ese esquivo rasgo al que llamamos belleza.

Medita en cuán generalizado está. Cada año, los estadounidenses gastan unos veinte billones de dólares en cosméticos, dos billones en productos para el cabello, setenta y cuatro billones en alimentos dietéticos y casi siete millones y medio en cirugía plástica.[4] Un enorme número de jóvenes, mujeres y hombres, están cayendo en la destructiva trampa de poner todas sus esperanzas en su apariencia. Muchos están cosechando las consecuencias no solo en desilusión, sino en peligros físicos y psicológicos reales.

Por ejemplo, tomemos el caso de mi amiga Michelle Myers. Michelle me contó que la primera vez que pensó que estaba gorda, tenía ocho años. Recuerda vívidamente que estaba sentada entre dos amigas en la reunión matutina del colegio. Me dijo: «No fue tanto el tamaño de mis piernas. Fue que noté que eran más grandes que las de mis dos amigas. Rápidamente me eché hacia atrás y aguanté mis piernas encima de la silla para que mis muslos no se «explayaran» sobre ella. Literalmente, nunca más dejé que descansaran sobre la silla durante toda mi escuela primaria a menos que estuvieran totalmente ocultas debajo de mi escritorio».

Michelle luchó con su imagen corporal todos sus años de desarrollo. En su primer año en la universidad, contrajo mononucleosis, una enfermedad que no solo la hacía sentir cansada sino que le quitó el apetito. Durante seis semanas apenas comió lo suficiente para mantenerse en pie. Cuando regresó a la oficina del doctor, sabía que había perdido peso. Pero no tenía idea de cuánto hasta que se paró en la báscula. «Recuerdo que la enfermera se quedó boquiabierta mientras ajustaba las pesitas y me dijo: "Niña, cuando estuviste aquí hace seis semanas, pesabas ciento treinta y ocho libras. Hoy pesas solo ciento dieciocho"».

Esta nueva realidad se convirtió en un momento oscuro para Michelle pues su batalla de toda la vida con ese ídolo en particular tomó un peligroso giro. Acaba de entrar en el nuevo y temible mundo de la anorexia nerviosa.

Michelle hizo el cálculo numérico mientras estaba en la oficina del doctor. Pensó: «Si perdí tres libras y media en una semana, sin hacer ejercicios, ¿cuánto más puedo perder si añado otra vez mi rutina de ejercicios?»

Así que hizo la promesa solemne aquel día de que haría lo que fuera necesario para alcanzar su «peso ideal»; que era mucho menos que aquellas ciento dieciocho libras. Esa nueva meta consumió su vida. Se ejercitó muchas horas todos los días y se mantuvo en una dieta muy rígida de apenas mil seiscientas calorías diarias. Seis semanas más tarde, había bajado a ciento cinco libras.

Ella recuerda: «Adondequiera que iba, recibía elogios. Las damas de la iglesia querían saber mi secreto. Chicas que ni siquiera conocía me miraban con envidia cuando pasaban delante de mí en público. Pero más sorprendente que aquellas nuevas conversaciones es que comencé a recibir mucha atención de los muchachos en la universidad. Como alguien que siempre había sido «uno más de los chicos», este era un nuevo territorio para mí, por lo que me encantó la atención.

»Tal vez sea difícil de creer para algunas personas», añade, «pero a pesar de que pesaba solo un poco más de cien libras, todavía me sentía gorda. Así que mis porciones de comidas se hicieron más y más pequeñas, hasta que comencé a omitir comidas y a tomar distintas píldoras para suprimir el apetito y quemar grasas».

Debido a toda la atención que Michelle estaba recibiendo, decidió comenzar a participar en concursos de belleza. Mientras que en los camerinos del concurso de Miss Tennessee todas las chicas comentaban sobre lo delgada que ella estaba, Michelle recuerda: «Yo escuchaba a medias los halagos sobre mi cuerpo. Estaba más preocupada por cómo me veía en el espejo. No podía dejar de mirarme y desear que mi abdomen fuera más plano».

Una de las participantes la retó a subirse en la báscula para ver cuánto pesaba. Todavía pensando que pesaba cerca de cien libras, se paró en la báscula y descubrió que pesaba solo ochenta y nueve.

Poco después, Michelle comenzó a darse cuenta de que tenía un problema real, pero no sabía qué hacer. Para complicar más las cosas, su sólida relación con Dios estaba comenzando a desvanecerse.

Como ya hemos visto a lo largo de este libro, es imposible rendir culto a las promesas vacías de este mundo y, aun así, hacer de Dios nuestra primera prioridad. ¿Recuerdas lo que dijo Jesús acerca del dinero? «Ninguno puede servir a dos señores; porque o aborrecerá al uno y amará al otro, o estimará al uno y menospreciará al otro». Lo mismo ocurre con otros ídolos, incluyendo la belleza.

En el caso de Michelle, fue el sentimiento de culpa lo que la alejó más y más de su fe. Me dijo: «¿Cómo podía Dios usar a la chica que mantenía los elementos de la Santa Cena en su boca sin tragárselos? Yo esperaba hasta la oración, me escabullía por el pasillo hasta el baño y escupía en el inodoro el pan y el jugo de uva. Ni siquiera podía sacrificar diez calorías para recordar el hecho de que sufrió una muerte horrible y se sacrificó a sí mismo para que yo pudiera pasar la eternidad con él».

Es imposible rendir culto a las promesas vacías de este mundo y, aun así, hacer de Dios nuestra primera prioridad.

Pero el 14 de abril del 2005, Dios por fin captó toda la atención de Michelle. Luego de trece días sin ninguna comida, salió a correr como parte de su entrenamiento para un maratón. Sin embargo, en la milla diecinueve su visión comenzó a nublarse. Se tropezó y cayó al suelo. Todas sus ochenta y cuatro libras se estrellaron contra el pavimento, recuerda: «Sentí que literalmente cada frágil hueso de mi cuerpo se hacía trizas al mismo tiempo».

Michelle no recuerda cuánto tiempo estuvo desmayada. Pero, al fin, despertó de su desmayo y cojeó hasta su coche, muy consciente de que necesitaba ayuda urgente. Aquel día al fin admitió frente a su familia y sus amistades —y ante Dios— que algo no estaba bien. En aquel momento comenzó el largo y lento camino a la recuperación.

Ahora es solo una entre aproximadamente siete millones de mujeres y jovencitas, y otro millón de hombres y jóvenes, que luchan con algún trastorno alimenticio. A pesar de que esos complejos trastornos tal vez suponen más que simplemente una obsesión con la apariencia física —factores genéticos, perfiles psicológicos, historia personal y hasta algunas deficiencias minerales pueden jugar un papel—[5] nuestro énfasis cultural en la delgadez está claramente implícito.

Los trastornos alimenticios no son la única consecuencia destructiva de nuestra obsesión nacional con la apariencia física. Sin duda, el rendir culto ante el altar de la apariencia puede tener consecuencias peligrosas, las apuestas parecen estar aumentando.

Apenas la semana pasada escuché de una madre en San Francisco que había estado inyectando botox a su hija de ocho años para minimizar sus «arrugas».

Sí, leíste bien . . . ocho años. ¿Por qué? En el feroz mundo de los concursos de belleza infantiles, el botox aparentemente le da ventaja competitiva. El argumento de la madre fue que «todo el mundo lo hace». Al parecer es un secreto que usan muchas mamás involucradas en los concursos de belleza.[6] Pero quién sabe cuáles serán las repercusiones a medida que más y más personas crecen en una sociedad que está dispuesta a sacrificar cualquier cosa —incluso la salud y el bienestar— en el altar de la apariencia.

MENTIRA # 2: «CÓMO ME VEO ES LO QUE SOY»

John es un empresario exitoso aquí en Nashville. Es alguien a quien admiro por una infinidad de razones, incluyendo su feliz vida familiar. Cuando hablamos, me encanta bombardearlo con preguntas sobre la paternidad, los negocios y la vida en general.

En un almuerzo reciente, le pregunté cómo estaban las cosas con su esposa, Kim, y sus dos hijas adultas.

«Me alegra que hayas preguntado», me dijo. «La semana pasada nuestra familia hizo un enorme descubrimiento».

John continuó: «La semana pasada, todas nuestras hijas y sus respectivas familias vinieron a la casa a cenar. Estábamos en la mesa, simplemente riéndonos y poniéndonos al día. En su mayoría, eran charlas triviales sobre el tiempo, los trabajos y los más recientes logros de los nietos. Luego, les mostré nuestra más reciente aplicación para el iPhone. Kim y yo la hemos estado usando desde enero para contar nuestras calorías. Entre los dos, hemos bajado veintiuna libras en los pasados cuatro meses, solo contando nuestras calorías.

»Entonces ocurrió la cosa más extraña, Pete. Mientras les mostraba a las muchachas esa nueva aplicación, mi hija mayor, Leslie, comenzó a llorar incontrolablemente. Nos quedamos muy quietos, mirándola y preguntándonos qué rayos estaba pasando o qué habíamos dicho que la había molestado tanto. Kim estaba sentada al lado de ella, así que le puso el brazo alrededor del hombro, y le preguntó: "Leslie, mi cielo, ¿qué te pasa?"

»Ella se fue calmando poco a poco y dijo: "Papá, necesito decirte algo que me ha estado molestando por años", y mirándome directamente a los ojos me dijo: "Papá, cuando yo tenía doce años, me dijiste que estaba algo llenita. Tu comentario me ha atormentado los pasados veintidós años. Difícilmente pasa un día, de seguro ni una semana, en que no piense en aquellas palabras que me dijiste. Sé que no estabas tratando de lastimarme, pero tuvo un enorme impacto negativo en mí"».

Sorprendido por la historia de John, le pregunté: «¿Qué le dijiste?»

Me contestó: «Comencé a llorar con ella y le expresé lo mucho que lo lamentaba. Cuando ella era pequeña, hubo momentos en los que tuvo un poco de sobrepeso. Yo quería protegerla. Quería ayudarla a tomar decisiones saludables. Nunca, en un millón de años, hubiera imaginado que mis palabras impertinentes la afectarían tanto. Gracias a Dios que tuvo el valor suficiente para ser sincera conmigo y poder comenzar a trabajar con esa parte sensible de nuestra relación».

Como pastor, sería muy tentador comenzar a predicar aquí un minisermón sobre cómo nuestras palabras —cada una de ellas— tienen un tremendo impacto e influencia en las personas que nos rodean y cómo marcan sus vidas. Pero lo que quiero enfocar es el hecho de que Leslie, la hija de John, permitió que un comentario negativo de su padre sobre su apariencia llegara a formar parte de lo que ella pensaba que era. Puesto que pensaba de sí como una persona «llenita», con frecuencia se vio a sí misma como alguien indeseable y rechazada.

Como tanta gente en nuestra cultura hoy, ella había sido moldeada por la mentira idólatra que dice: «Cómo me veo es lo que soy»

Mi amiga Michelle, cuya anorexia también se alimentó de esa mentira, acaba de escribir un libro maravilloso titulado *The Look That Kills* [La apariencia que mata], que cuenta su historia y su recuperación con la esperanza de ayudar a otras jovencitas atrapadas en esta peligrosa adicción. Ella escribe:

> De niña y durante toda mi adolescencia, mis amigas y yo soñábamos con ser Miss América, actrices o supermodelos; cualquier cosa que confirmara nuestra belleza. Sin embargo, eso no termina con la adolescencia. En Estados Unidos solamente, las mujeres gastan más dinero cada año en productos de belleza que lo que nuestra nación invierte en educación. Las mujeres —incluyendo las temerosas de Dios— ponemos demasiada atención en la belleza externa.[7]

Michelle finalmente ha llegado a un punto en el que entiende que lo que ella es y cómo se ve no son para nada lo mismo. En estos días busca agradar a Dios con su corazón más que al mundo con su apariencia. Al respecto escribe:

> Para mí, ser hermosa a los ojos de Dios implica conocer su palabra, guardar sus mandamientos y ser humilde. Cuando pienso en esas características, no puedo evitar ver sonrisas, gozo y alegría. Una mujer que posee tal personalidad no puede evitar resplandecer exteriormente. Su corazón está tan lleno de Dios que no puede evitar manifestarse a sí mismo en el exterior. Debemos vivir de tal forma que, a fin de comprender las profundidades de nuestra belleza, primero entendamos la magnificencia del Dios al que servimos.[8]

LA BELLEZA VERDADERA

¡Ah! Si tan solo pudiéramos descansar en la verdad de que somos una creación maravillosa y única de nuestro Padre celestial (Salmo 139.14). Que el Dios de este universo nos diseñó, nos ama y nos aprueba completamente, incluyendo nuestra apariencia. Creo que el comienzo de una autoimagen saludable es vernos como Dios nos ve; ni más ni menos. En él, solo en él, encontraremos la aprobación y la confirmación que tanto anhela nuestro corazón.

El deseo de lucir bien, en sí mismo, no tiene nada malo. Es el punto de prominencia que tiene en nuestros corazones lo que puede convertirlo en un ídolo y, por ende, en algo inmensamente destructivo. Afanarse por encontrar trascendencia, aceptación o poder basándose en los estándares de belleza de este mundo, te dejará vacío, herido y, a fin de cuentas, destruido.

Me encantan las imágenes que Isaías nos da acerca de Dios como el alfarero y cada uno de nosotros como el barro. Él dice:

> *Y a pesar de todo, oh Señor, eres nuestro Padre;*
> *nosotros somos el barro y tú, el alfarero.*
> *Todos somos formados por tu mano. (Isaías 64.8, NTV)*

Solo una vida sometida puede ser formada y moldeada por el Alfarero. Cuando al fin rendimos nuestra ambición por una belleza que pretende ganar el amor de los demás, entonces él queda en libertad para convertir un montón de barro inservible en una hermosa obra de arte.

Hay pocas cosas que sean más atractivas que ver a una persona íntegra, completa; completa como solo alguien que está totalmente sometida a Dios puede estarlo. Una persona que se acepta a sí misma como alguien a quien Dios creó y a quien él continúa formando. Esa es una persona con belleza verdadera, del tipo que verdaderamente perdura y satisface.

Quiero concluir este capítulo con lo que pienso que es un segmento conmovedor del clásico libro para niños *El conejo de terciopelo*, de Margery William. Esta conversación entre el pequeño conejo de peluche y el juguete más viejo y sabio del cuarto de jugar resume lo que creo que es la verdadera belleza:

> Hay pocas cosas que sean más atractivas que ver a una persona íntegra, completa; completa como solo alguien que está totalmente sometida a Dios puede estarlo.

—¿Qué es ser *real*? —preguntó el Conejo un día que los dos estaban echados al lado de la chimenea del cuarto de jugar, antes de que nana comenzara a recoger la habitación—. ¿Significa que tienes dentro algo que suena y una llave que te abre?

—Real no significa cómo estás hecho —dijo el Caballo de piel—. Es algo que te ocurre. Cuando un niño te quiere por mucho, mucho tiempo, no sólo para jugar, sino que te quiere *realmente*, entonces te haces *real*.

—¿Te duele? —preguntó el Conejo.

—A veces —dijo el Caballo de piel, porque él siempre decía la verdad—. Pero cuando eres *real* no te importa que te lastimen.

—¿Pasa todo de una vez, como cuando te das un golpe —preguntó— o de poquito a poquito?

—No pasa de una vez —dijo el Caballo de piel—. Llegas a ser. Toma mucho tiempo. Por eso es que no les pasa a menudo a las personas que se rompen fácilmente, o a los que tiene bordes filosos, o a los que hay que tratar con mucho cuidado. Generalmente, cuando te has hecho *real*, ya casi no tienes pelo, has perdido los ojos, tienes las articulaciones flojas y estás muy usado. Pero nada de eso tiene ya importancia, porque cuando eres real no puedes ser feo, excepto para la gente que no entiende.[9]

CAPÍTULO NUEVE
TRAS UN SUEÑO

Pienso que la mayoría de las personas tiene una imagen mental muy clara de cómo quiere que luzca su futuro. Es más, creo que muchos de esos sueños comienzan en nuestros corazones a muy temprana edad.

El sueño americano convencional incluye una casa grande, una profesión importante (y lucrativa), un buen matrimonio con una pareja atractiva de modo que te vean como alguien muy listo y unos hijos preciosos que lucen muy bien en el boletín y en la tarjeta navideña anual. Tu sueño puede ser algo distinto a esto, pero apuesto que incluye alguna variación de lo que acabo de describir. Y aunque tal vez no hayas escrito este sueño en ninguna parte, es muy probable que esté profundamente impreso en tu mente. Quizás tienes sueños en cuanto a

- dónde quieres llegar en tu carrera o vocación;
- dónde te gustaría vivir;
- cómo será tu matrimonio;
- qué logros alcanzarán tus hijos;
- cómo te distinguirás en este mundo.

Algunos de esos sueños pueden ser tan deseables que comienzas a pensar que pueden darte lo que solo Dios puede brindarte. Quizás hasta te sientas tentado a abandonar los valores dados por Dios para ir tras los sueños dados por él.

Pero tus sueños, sin importar cuán maravillosos puedan ser, siempre serán un pésimo dios.

> Tus sueños, sin importar cuán maravillosos puedan ser, siempre serán un pésimo dios.

Pasamos gran parte de nuestra vida tratando de controlar y manipular los hechos en un intento desesperado por sujetarnos fuertemente a la imagen de nuestro futuro. No obstante, una y otra vez a lo largo de las Escrituras vemos a Dios pidiéndole a la gente que voluntaria, y hasta alegremente, se suelten de esa imagen que tienen de su futuro y que le confíen a él la manera en que resultará su vida. Una de esas personas fue Abraham en el Antiguo Testamento.

Me identifico mucho con Abraham porque parece un tipo muy ordinario. No se dice nada demasiado espectacular sobre él. Ningún don especial. No es un líder carismático ni, que yo sepa, tuvo grandes logros.

Es un tipo común y corriente, como tú y yo.

También asumo que Abraham tenía sueños con su vida, como la mayoría de nosotros. Es importante que entendamos esto porque cuando pensamos en personajes bíblicos como él tendemos a imaginar que se la pasaban sentados esperando a que Dios se presentara y les hablara. Pero Abraham, al igual que tú, quizás estaba esbozando la imagen de su futuro la primera vez que Dios se le acercó.

Piénsalo bien. El hombre tenía una vida establecida. Tenía una esposa y una familia extendida. Se había hecho de un nombre en su comunidad —en aquellos días, se le conocía como Abram— y había acumulado riqueza. Posiblemente estaba pensando en cómo cubrir las necesidades de su jubilación mientras mantenía su casa. Quizás estaba atendiendo diferentes tareas y problemas en su vida. Me imagino que tuvo más que unas pocas noches intranquilas cuando se preguntaba hacia dónde se dirigía su vida . . . si podría mantenerse al tanto de todo lo que incluía esa imagen del futuro que guardaba en su mente y en su corazón.

Es posible que haya sido durante una de esas noches sin poder dormir que Dios interrumpió la vida de Abram con estas asombrosas palabras:

> Vete de tu tierra y de tu parentela, y de la casa de tu padre, a la tierra que te mostraré.
>
> Y haré de ti una nación grande, y te bendeciré, y engrandeceré tu nombre, y serás bendición. Bendeciré a los que te bendijeren, y a los que te maldijeren maldeciré; y serán benditas en ti todas las familias de la tierra. (Génesis 12.1-3)

ESPERA A VER QUÉ PASA

Si hay algo que pueda llevar a nuestros hijos a la cima de la frustración es escuchar a sus padres decir las temibles palabras: «Espera a ver qué pasa».

«Papá, ¿podemos jugar un videojuego más tarde?»

«Bueno, espera a ver qué pasa».

«Papá, ¿va a nevar?»

«Espera a ver qué pasa».

«Papá, ¿podemos ir a jugar en el trineo?»

«Espera a ver qué pasa».

«Papá, ¿dónde vamos a cenar esta noche?»

«Espera a ver qué pasa».

«Papá, ¿podemos ir a la juguetería el sábado?»

«No».

Los chicos quieren saber ahora. «¿Vamos a hacer esto? Necesito saber». La realidad es que a los adultos tampoco nos gusta la ambigüedad. No nos gusta lo desconocido. Queremos saber qué va a pasar, cuándo va a pasar y qué tenemos que hacer para asegurarnos que pase más rápido.

Pero eso no fue lo que Dios le dijo a Abram. Más bien, solo le dijo: «Vete . . . a la tierra que te mostraré».

¿Puedes imaginarte esa conversación?

Dios le dijo:

—Vete.

Abram dice:

—¿Adónde?

—A la tierra que te mostraré.

—¿Dónde es eso?

—Vas a tener que esperar a ver qué pasa.

—¿Esperar a ver qué pasa? *¿Esperar a ver qué pasa*? ¡Estamos hablando de mi vida! ¿Esperar a ver qué pasa?

¿Alguna vez te has visto obligado a abandonar lo conocido? ¿Alguna vez has estado en una situación en la que no sabías hacia dónde ibas? Tal vez oraste:

- «Dios, ¿cuándo mi matrimonio será más fácil?»
- «Dios, ¿cuándo podré irme a dormir en la noche sin preocuparme por el dinero?»
- «Dios, ¿cuándo tendremos un bebé?»
- «Dios, ¿cuándo conoceré a alguien que me ame y con quien pueda compartir mi vida?»
- «Dios, ¿recuperaré mi salud alguna vez?»

y la única respuesta que recibiste fue: «Espera a ver qué pasa». Si es así, probablemente tengas una idea de cómo se sintió Abram.

Sin embargo, a pesar de lo ambiguas que fueron las órdenes de Dios, Abram obedeció. Génesis 12 nos dice:

> Y se fue Abram, como Jehová le dijo; y Lot fue con él. Y era Abram de edad de setenta y cinco años cuando salió de Harán. Tomó, pues, Abram a Sarai su mujer, y a Lot hijo de su hermano, y todos sus bienes que habían ganado y las personas que habían adquirido en Harán, y salieron para ir a tierra de Canaán; y a tierra de Canaán llegaron. (vv. 4-5)

Ahora bien, como Abram hizo lo que Dios le dijo, ahora era el tiempo de la recompensa, ¿cierto? Después de todo, Dios había hecho una promesa. Abram debió haber asumido que una vez hubiera hecho lo que Dios le dijo, sus sueños comenzarían a hacerse realidad. Sarai comenzaría a tener hijos y esos hijos tendrían los suyos, de modo que la familia de Abram crecería hasta convertirse en una gran nación. Estoy seguro de que Abram no podía esperar. Asumo que estaba pensando: *Es tiempo de que mi nombre sea grande. Es tiempo para ser bendecido.*

¿Acaso no es así que la mayoría de nosotros piensa que esto opera? Dios llama. Nosotros escuchamos. Obedecemos. Dios bendice. Presto. Las bendiciones comienzan a bajar del cielo.

Quizás tienes un sueño que Dios ha puesto en tu corazón y estás convencido de que te ha llamado a que hagas algo al respecto. Estás convencido de que has escuchado y obedecido. Ahora estás esperando que Dios haga su parte y bendiga tus planes.

Pero mira lo que le pasó a Abram después de haber obedecido a Dios: «Hubo entonces hambre en la tierra, y descendió Abram a Egipto para morar allá; porque era grande el hambre en la tierra» (v. 10).

En otras palabras, Dios llamó. Abram escuchó y obedeció. Pero Dios no bendijo; por lo menos, no de inmediato. Es más, lo que le ocurre a Abram después es una calamidad: una hambruna severa que lo obligó a moverse otra vez.

He descubierto que la mayoría de nosotros tiende a reducir a Dios a lo que es seguro y predecible, lo que concuerda con nuestro sentir de lo que es justo y correcto. Continuamente somos tentados a formular ecuaciones que predicen lo que Dios va a hacer: si haces tal cosa, entonces Dios siempre hará esto otro.

Sin embargo, un tema fundamental a lo largo de toda la Biblia es que aunque ciertamente Dios es justo, es cualquier cosa excepto seguro y predecible. Él es Dios. No nosotros. Y no puede ser reducido a una ecuación que entonces nosotros adoremos.

Algunas veces daremos un paso en fe y veremos resultados inmediatos. Eso fue lo que ocurrió cuando Josué y sus sacerdotes tocaron el Jordán con sus pies. Se pararon en la orilla y las aguas retrocedieron (Josué 3).

Pero Dios no siempre obra así. Me atrevo a decir que *casi nunca* lo hace así. Esa jornada de fe con Dios se ve distinta en cada vida. ¿Por qué? Porque a él le preocupa más en quién nos estamos convirtiendo que hacia dónde vamos.

Aunque ciertamente Dios es justo, es cualquier cosa excepto seguro y predecible. Él es Dios. No nosotros. Y no puede ser reducido a una ecuación que entonces nosotros adoremos.

Sí, Dios cumple sus promesas. Pero algo que no promete es que seguirlo será fácil, sin obstáculos o sin complicaciones.

Abram vagó muchos años. Enfrentó dificultades de todo tipo mientras esperaba que el sueño dado por Dios se hiciera realidad. Imagino que hubo momentos en lo que quiso gritar a voz en cuello: «Dios, ¡renuncié a todo por ti! Arriesgué todo lo que consideraba seguro en mis manos, y ahora ¿qué tengo?»

Todo lo que recibió como respuesta fueron más promesas . . . más «espera a ver qué pasa». Una y otra vez, Abram no tuvo alternativa sino escoger.

O confiaba en Dios con su futuro o no.

Estoy convencido de que todos enfrentamos situaciones en las que tenemos que escoger si confiamos o no en Dios lo suficiente como para soltar el agarre que tenemos de la imagen que hemos creado para nuestro futuro. Porque nos guste o no, es muy posible que nuestra imagen esté llena de ídolos potenciales compitiendo por nuestra adoración y atención.

¿YA LLEGAMOS?

No sé a ti, pero a mí me encantan los viajes largos por carretera. Siempre me han gustado. Me gusta empacar para esos viajes. Me agrada escoger todas mis meriendas. Me fascina llenar mi iPod con música especial para el recorrido.

Con tres hijos, sin embargo, mis viajes por carretera han cambiado bastante. Todavía los disfruto muchísimo, pero ahora son un poquito más complicados y estresantes. Pero hay una pregunta que los muchachos hacen una y otra vez que se acerca bastante a la posibilidad de robarme la alegría de un buen viaje por carretera.

Apuesto que puedes adivinar cuál es: «Papá, ¿ya llegamos?»

Podemos ir de camino a visitar a la familia en Toledo, Ohio —cerca de quinientas millas (800 km) de jornada— y tan pronto estamos llegando a las afueras de Nashville, uno de mis hijos inevitablemente preguntará: «Papá, ¿ya llegamos?»

Hay momentos en los que quisiera responder: «Seguro que no hemos llegado, hijo. ¿Notas que el coche todavía se está moviendo? Cuando se detenga y yo anuncie que llegamos, es que ya estamos ahí».

Pero sé más que eso. Sé que mis hijos realmente están haciendo una declaración más que una pregunta. Cuando dicen: «¿Ya llegamos?», lo que en realidad están expresando es: «Estamos cansados, aburridos, quiero bajarme del coche».

En Génesis 15.1 leemos:

> Después de estas cosas vino la palabra de Jehová a Abram en visión, diciendo: No temas, Abram; yo soy tu escudo, y tu galardón será sobremanera grande.

¿Notaste esa primera frase «después de estas cosas»? Y automáticamente tienes que preguntar: «¿Después de qué?»

Y la respuesta es «diez años». Dios vino a Abram después de toda una década de una promesa incumplida.

Diez años de lágrimas.

Diez años preguntándose si el sueño se convertiría alguna vez en realidad.

Diez años de «¿ya llegamos?»

Y después de todo esto, Dios le dice a Abram: «Yo soy tu escudo, y tu galardón será sobremanera grande».

Dios le está diciendo: «*Yo* soy tu recompensa. Te voy a dar a *mí mismo*. Abram, no adores mis dones. Ni por un segundo pienses que las cosas con las que te bendigo son los verdaderos dones. Yo soy el verdadero don. Yo soy la verdadera recompensa».

Pero Abram no estaba convencido de eso. Mira los siguientes versículos:

> Y respondió Abram: Señor Jehová, ¿qué me darás, siendo así que ando sin hijo, y el mayordomo de mi casa es ese damasceno Eliezer? Dijo también Abram: Mira que no me has dado prole, y he aquí que será mi heredero un esclavo nacido en mi casa. (vv. 2-3)

¿Puedes captar la frustración? Abram está básicamente diciendo: «Perfecto. Me alegra mucho que estés conmigo, pero me prometiste que sería el padre de una gran nación y todavía no tengo ni un hijo».

¿Cuántos de los sueños que Dios te ha dado todavía están sin cumplir?

- ¿El sueño de ver a tus hijos adultos bien establecidos y felices?
- ¿El sueño de sanar de alguna enfermedad en particular?
- ¿El sueño de ir a la universidad o a una escuela graduada?
- ¿El sueño de comenzar un negocio o escribir un libro?

Hace algunos años, Brandi y yo pasamos algún tiempo ministrando a una jovencita soltera. Cenaba con nosotros varias noches a la semana, así que llegamos a conocerla bastante bien. Melody era una joven adorable, pero estaba completamente obsesionada con la idea de casarse. Era todo lo que soñaba y de lo que hablaba. Mientras más tiempo pasaba sin que se cumpliera aquel sueño, más se evidenciaba su frustración.

Cada una de las conversaciones en la mesa era una variante de «¿ya llegamos?»

Cuando Melody finalmente conoció a un posible prospecto, estaba supercontenta. A pesar de las advertencias de algunas amistades de que se estaba apresurando para casarse, continuó adelante a toda máquina. Pero a unas semanas de la boda, vimos la desilusión en el rostro de Melody. Era evidente que su sueño no estaba a la altura de lo que ella pensó que sería.

Entonces, ¿qué sigue? Melody se obsesionó con la idea de tener un hijo. Ella y su esposo comenzaron a intentarlo tan pronto regresaron de la luna de miel; con cada mes que pasaba sin que saliera embarazada, más se intensificaba su infelicidad.

Más «¿ya llegamos?»

Cuando observo la vida de Melody en estos momentos, puedo ver que ha sido una serie de amargas desilusiones para ella. Al día de hoy, continúa obsesionada con la siguiente cosa que piensa que le dará valor, importancia o trascendencia. Por alguna razón, está cegada ante la delirante idolatría en su vida, su insistencia en creer en sus sueños en vez de creer en Dios.

Lo último que escuché fue que estaba soñando con encontrar una nueva casa porque en la que ella y su esposo viven no es la que ella desea.

Melody es un caso extremo, pero pienso que muchos de nosotros hemos experimentado ese tipo de mentalidad «¿ya llegamos?» en una medida u otra. *Sabemos* que no hemos llegado, pero queremos que Dios sepa que estamos cansados de esperar, cansados de preguntarnos si alguna vez pasará.

Si ahora mismo estás viviendo un sueño sin cumplir, es muy probable que entiendas la postura de Abram. Tal vez, como él, tienes alguna actitud hacia Dios. Has escuchado todas las promesas, todos los clichés, todos los puntos y ahora quieres que algo cambie. Tal vez hasta te consuma la necesidad de salvar lo que dejaste atrás, en vez de continuar hacia delante.

Pero la palabra de Dios a Abraham —y para cualquiera de nosotros que se está impacientando por nuestros sueños no realizados— fue esta:

No estás entendiendo el propósito principal.

El premio soy yo.

Yo soy tu recompensa.

Yo puedo darte lo que ninguna de esas bendiciones terrenales podrán darte jamás.

Ahora, si conoces la historia de Abram sabes que, a fin de cuentas, Dios sí cumplió sus promesas. Él no solo le dio un nuevo nombre: Abraham. También le concedió un hijo milagroso a su avanzada edad. Con la llegada de Isaac, el tan esperado sueño de Abraham finalmente se hizo realidad. Su paciencia y su obediencia tuvieron recompensa.

Pero la historia de Abraham aún no terminaba.

Es más, Abraham estaba a punto de aprender una lección muy difícil. Una que jamás podemos olvidar:

Dios te ama lo suficiente como para despojarte de cualquier cosa que te aleje de él . . . aun si es tu más preciado sueño.

Abraham al fin obedeció a Dios en uno de los momentos más angustiosos de su vida, cuando Dios le pidió que entregara a su único hijo, Isaac. Abraham fue retado a sacrificar lo que era más preciado para él en este mundo. Pero obedeció, arriesgando tanto su familia como su futuro.

Sí, esta historia tiene un final feliz. Dios proveyó un sacrificio sustituto en el último minuto, e Isaac creció hasta convertirse en el padre de la siguiente generación de la gran nación que Dios había prometido. Pero cuando Abraham decidió confiar en Dios, no tenía idea de que la situación terminaría de aquella forma. Simplemente había aprendido, a través de muchos años obedeciendo, a poner su fe en su Padre, no en su futuro. Él decidió creer y, como dice Santiago 2.23, «le fue contado por justicia».

DEFINIDO POR UNA PROMESA

El pecado de la incredulidad está situado en el centro de todos los demás pecados y particularmente en el de la idolatría. Según explica Dallas Willard:

> Las ideas y las imágenes son el primer blanco de los esfuerzos de Satanás por derrotar los propósitos de Dios con la humanidad. Ellas forman el principal campo de batalla de la formación espiritual. Cuando estamos sujetos a las ideas y las imágenes seleccionadas por Satanás, él puede irse de vacaciones. Cuando se propuso alejar a Eva de Dios, no lo hizo pegándole con un palo, sino con una idea. Fue con la idea de que no se podía confiar en Dios y de que ella debía actuar por cuenta propia para asegurar su propio bienestar.[1]

Eva fue engañada con el pensamiento de que Dios le estaba ocultando algo, que la felicidad y la satisfacción podían encontrarse fuera de lo que Dios le había dicho. La vida de muchos de nosotros también se ha descarriado en el mismo punto que la de Eva. Hemos permitido que la seducción de una promesa vacía susurre a nuestro corazón. Hemos comenzado a pensar que la manzana —el sueño—, puede de alguna manera darnos algo que Dios no puede, que por alguna razón Dios nos ha estado ocultando algo.

Cada vez que adoro a algo o a alguien que no es Dios, estoy olvidando que él es un buen Dios y un gran Padre en quien puedo confiar. A pesar de que me ha probado su fidelidad una y otra vez, aun así vuelvo a caer en los hábitos de la idolatría. Con frecuencia he pensado que es bastante irónico que realmente haya confiado en Dios por mi salvación y eternidad, pero que me dé tanto trabajo confiar en él en cuanto a los pequeños detalles.

Así que cuando leo sobre alguien como Abraham, que confió en Dios radicalmente con lo que le era más preciado, tengo que preguntarme «¿cómo?» ¿Cómo lo hizo? ¿Por qué lo hizo?

Con frecuencia he pensado que es bastante irónico que realmente haya confiado en Dios por mi salvación y eternidad, pero que me dé tanto trabajo confiar en él en cuanto a los pequeños detalles.

Creo que la fe de Abraham estaba edificada sobre algunas de las palabras que Dios le dio en la promesa original. En medio de una vida plagada de incertidumbre, con un llamado que le iba a traer más incertidumbre, Dios le dio dos palabras por las cuales regirse:

Yo voy. Yo . . . voy.

Es más, seis veces en la conversación original de Dios con Abraham (Génesis 12), aquel dijo, de una manera u otra, «Yo voy». Lo afirmó seis veces en los primeros seis versículos de la historia de Abraham.

Solo reflexiona en todas las cosas que Dios pudo haber dicho, pero que no expresó.

Él no dijo: «Tal vez yo voy a . . . »

Ni afirmó: «Yo voy a hacer todo lo posible por . . . »

Tampoco declaró: «Voy a pensarlo».

Menos aun: «Tú vas a hacer esto o aquello».

Dios se definió a sí mismo con una promesa: «Yo voy».

Pienso que tal vez estás enfrentando un gran desaliento o una profunda desilusión porque tienes fuertemente agarrado en tus manos un cuadro detallado de la manera en que soñaste que resultaría tu vida. Cuando comparas ese cuadro con la realidad, las diferencias son evidentes.

Pero creo firmemente que si estás dispuesto a confiar en el Dios que dice «Yo voy», nada de lo que tiene valor eterno en esta vida corre peligro. A la larga, no tienes nada que temer.

El miedo entra en nuestras mentes y comienza a asumir el control cuando nos agarramos demasiado fuerte de ese cuadro de lo que pensamos que debe ser la imagen de nuestro futuro, elevándolo a un estatus de idolatría y reduciendo al Artista de ese mismo cuadro.

Son precisamente esos momentos inesperados de sueños hechos trizas los que nos ofrecen los vuelcos y giros en los que nos encontramos con Dios. Rara vez nos rendimos cuando nos sentimos fuertes y al control. Pero cuando un sueño se hace pedazos, cuando la vida toma un giro inesperado y se desvía sin freno, entonces es cuando caemos de rodillas. Y es ahí cuando puede crecer un nuevo sueño.

Mucho de lo que ocurre en nuestra vida es descontrolado. Lo que sí podemos controlar, sin embargo, es nuestra disposición a buscar de Dios en medio de tanta locura. Rendirnos no quiere decir que vamos a invertir menos energías en ir tras nuestros sueños, lo que quiere decir es que vamos a invertir menos energía y nervios. Significa que vemos nuestros sueños tal cual son: posibilidades, promesas y metas, no como fuentes de nuestra paz y seguridad. Significa que nuestra confianza no está en nuestra capacidad para hacer realidad cada uno de nuestros sueños, sino en la fuerza y el poder del Dios al que decimos seguir.

¿Cómo llegamos ahí? Todo lo que hace falta es un momento, como Abraham, en el que sueltas el control del cuadro de tu futuro y dices: «Jesús, quiero confiarte esto. Aunque signifique arriesgar todo lo que valoro, todas las cosas buenas que estoy esperando, aun así, voy a confiar en ti».

Y tal vez en ese momento, Dios te está mostrando algo que sabes que necesitas soltar o por lo menos sujetar con las manos abiertas. Quizás sea algo bueno. Puede que hasta sea algo de parte de él. Pero es algo en lo que has estado confiando para que te dé lo que solo Dios puede darte.

Con frecuencia, no nos percatamos de que tenemos un ídolo hasta que nuestro sueño se hace trizas. Esa es una verdad fundamental en cuanto a la idolatría: la prosperidad tiende a enmascarar nuestros ídolos; la crisis tiende a revelarlos.

Mientras todo marcha bien en mi vida, mientras mi cuadro de cómo quiero que resulte mi vida haga juego con el cuadro de mi realidad, no creo que tenga ningún problema con ídolos. Pero cuando enfrento una crisis, entonces de repente me doy cuenta de que «¡Ay!, he estado dependiendo de este sueño de una forma en que no debo».

Nuestros sueños, sin importar cuán maravillosos o nobles puedan ser, siempre serán un pésimo dios.

CAPÍTULO DIEZ

ERES LO QUE ADORAS

El individuo salió de la nada, simple y sencillamente se cruzó frente a mí mientras yo manejaba calle abajo. Frené violentamente y paré en seco. Mi hijo Brewer, de cuatro años, también me sorprendió. Sin vacilación, se inclinó hacia delante en su asiento de seguridad y gritó: «¡Idiota!»

«Hijo, nosotros no hablamos así», lo regañé, mientras contenía la risa. Y pensé: *Tengo que preguntarle a Brandi de dónde está él aprendiendo estas cosas.*

Uno o dos días después, un tipo trató de hacerme una imprudencia en la carretera mientras manejaba hacia el trabajo. En voz baja refunfuñé: «¿Qué crees que estás haciendo, idiota?» Entonces se me encendió el bombillo. De ahí es que Brewer había escuchado esa palabra. Me había escuchado diciéndola a otros conductores. Él ni siquiera sabe lo que significa la palabra *idiota*, pero ha aprendido de mí cómo usarla.

A veces me aterra pensar que mis hijos se están formando a medida que observan mi conducta. Preferiría que hicieran lo que les digo, no lo que hago. Pero no cabe duda que mis acciones siempre triunfarán sobre mis palabras.

¿Te agrada la persona en la que te estás convirtiendo? Si no es así, ¿podría sugerirte que echaras un vistazo a lo que ocupa el trono de tu corazón? Porque una de las verdades fundamentales de la naturaleza humana —y uno de los más grandes peligros de la idolatría— es que lo que adoramos le da forma a lo que somos.

Sin embargo, no son solo los niños los que aprenden por imitación. La Biblia enseña que todos imitamos algo o a alguien (1 Corintios 11.1). Reflejamos lo que experimentamos. Hemos sido creados para hacer eso.

La única pregunta legítima es esta: *¿Qué —o a quién— imitaremos y reflejaremos?*

Hasta aquí, este libro ha sido algo así como un diagnóstico, una herramienta para ayudarte a detectar lo que tal vez esté sirviendo como un ídolo en tu vida. Todos necesitamos ser instados a derribar esos «lugares altos» y a comenzar de nuevo. Mi oración es que estos capítulos restantes te sirvan en cierto modo como los planos para lo que creo que Dios quiere erigir en tu vida en lugar de esos ídolos que has estado cargando.

CÓMO TE CONVIERTES EN LO QUE ADORAS

Toma un momento para evaluar tu vida. ¿Te agrada la persona en la que te estás convirtiendo? Si no es así, ¿podría sugerirte que echaras un vistazo a lo que ocupa el trono de tu corazón? Porque una de las verdades fundamentales de la naturaleza humana —y uno de los más grandes peligros de la idolatría— es que lo que adoramos le da forma a lo que somos.

El Salmo 115 nos advierte con claridad este peligro al describir a las naciones idólatras:

> *Los ídolos de ellos son plata y oro,*
> *Obra de manos de hombres.*

Tienen boca, mas no hablan;
Tienen ojos, mas no ven;
Orejas tienen, mas no oyen;
Tienen narices, mas no huelen;
Manos tienen, mas no palpan;
Tienen pies, mas no andan;
No hablan con su garganta.
Semejantes a ellos son los que los hacen,
Y cualquiera que confía en ellos. (vv. 4-8)

El salmista intenta trazar un marcado contraste al comparar al Dios viviente con los ídolos inertes hechos de madera y piedra. Aquellos que siguen a esos ídolos, dice, se han vuelto espiritualmente inertes, igual que las piezas de metal ciegas, sordas y mudas que han creado con sus propias manos.

El profeta Jeremías hace una declaración similar acerca de sus incrédulos ancestros:

[Ellos] fueron tras la vanidad y se hicieron vanos. (Jeremías 2.5)

Su punto aplica a cualquiera de nosotros hoy: *Lo que adoramos determina en qué nos convertimos.*

Si fijamos nuestros deseos en algo que no es el verdadero Dios, nos convertiremos en eso. El deseo que se enfoca en el objeto correcto —el único y verdadero Dios— capacita y cultiva al ser humano. El deseo enfocado en el objeto equivocado, nos corrompe y nos desvaloriza.

En otras palabras, si rendimos culto al dinero, nos convertiremos en personas codiciosas.

Si rendimos culto al sexo, nos convertiremos en personas lujuriosas.

Si rendimos culto al poder, nos convertiremos en personas corruptas.

Si rendimos culto al logro, nos convertiremos en personas desesperadas y frenéticas.

Si rendimos culto al amor y a la aceptación, nos convertiremos en esclavos de los demás.

Si rendimos culto a la belleza, nos convertiremos en personas superficiales.

Y rendir culto o adorar a otra cosa que no sea el verdadero Dios nos transformará en alguien distinto a lo que él pensó cuando nos creó.

MENOS QUE SERES HUMANOS

Pienso que una de las razones por las que Dios habla con tanta firmeza contra los ídolos a lo largo de toda la Biblia es porque simplemente no podemos adorar otra cosa que no sea Dios y aun así hacer realidad el propósito dado por Dios a cada uno de nosotros. ¿Cuál es ese propósito? Se nos revela en el primer capítulo de la Biblia:

> Entonces Dios dijo: «Hagamos a los seres humanos a nuestra imagen, para que sean como nosotros . . . »
>
> *Así que Dios creó a los seres humanos a su propia imagen.*
> *A imagen de Dios los creó;*
> *hombre y mujer los creó. (Génesis 1.26-27, NTV)*

Nuestro propósito, en otras palabras, es reflejar al Dios que nos hizo.

Hace poco leí un artículo escrito por John Ortberg que trajo bastante claridad a mi mente con respecto a esos versículos. Escribió sobre la creencia antigua de que solo los reyes eran creados a imagen de un Dios poderoso. Por lo general, se pensaba que los plebeyos y la gente común eran creados a imagen de dioses inferiores.[1]

Pero eso no es lo que nos dice Génesis 1.26-27. En efecto, contradice directamente esa creencia antigua al afirmar que *todo* ser humano es creado a imagen de un Dios poderoso.

Esta es una verdad revolucionaria sobre la dignidad y el valor del ser humano. Solo imagina la liberación que eso trajo a la gente que primero lo escuchó y la que puede traernos a nosotros. Como explica Carolyn Custis James:

> Nos alejamos bostezando, como si nada importante estuviera ocurriendo aquí; poco impresionados con la gloriosa identidad que Dios acaba de soltar sobre nuestro regazo. Dado el hecho de que acabamos de escuchar uno de los más sorprendentes anuncios jamás pronunciado en la historia, es asombroso que hagamos tan poco con esto, y debe ser un tanto decepcionante para Dios no recibir una mejor reacción de nosotros. Al nombrarnos portadores de su imagen, Dios ha hecho de la relación con él el centro estratégico de su propósito para la humanidad y para el mundo.[2]

Pero estos dos versículos contienen mucho más. El hecho de que fuimos creados a imagen de Dios habla no solo de nuestro valor, sino también de nuestro destino. El propósito principal del lenguaje sobre la «imagen de Dios» en la Biblia no es algún talento o rasgo de carácter que compartimos con Dios. Es la misión que él nos ha dado en este mundo.

El hecho de que fuimos creados a imagen de Dios habla no solo de nuestro valor, sino también de nuestro destino.

El artículo de Ortberg señala que un rey antiguo que deseaba que la gente supiera en el reino de quién estaban, colocaba imágenes de sí mismo por todo su territorio. Cuando veías la imagen de un rey particular, sabías sin lugar a dudas que estabas en el territorio de ese monarca. «Génesis nos está diciendo que igual que un rey colocaba imágenes de sí mismo por todos lados de manera que la gente supiera quién gobernaba, "así Dios ha puesto su propia imagen, los seres humanos, en este mundo para que el mundo pueda ver quién es el que gobierna"».[3]

N. T. Wright crea un precioso cuadro sobre cómo opera esto:

> Imagínate a Dios en lo alto y la tierra abajo. En medio de ambos, los seres humanos han sido colocados en un ángulo de cuarenta y cinco grados con un espejo.
>
> Tu tarea, tu destino, es reflejar el sagrado reino de Dios abajo en la tierra; o sea, cuidar de toda la creación y particularmente de los seres humanos de la manera en que Dios quiere que lo hagas.
>
> Y luego, reunir toda la bondad y el deleite de la tierra, convertirlos en palabras y ofrecerlos en adoración a Dios.
>
> Tu destino es aportar a la tierra una bondad divina más creativa que la que puedes imaginar en este momento. Además, ofrecer más alegría terrenal y gratitud a Dios de la que en este momento puedes comprender.[4]

El punto principal es que, a fin de cuentas, Dios creó al ser humano para que lo reflejara a él. Pero si no le buscamos por sobre todo, terminaremos reflejando otra cosa en la creación; algo inferior. En el proceso, perderemos nuestra verdadera humanidad.

¿Acaso no es esta la historia que relata Romanos 1?

> Porque la ira de Dios se revela desde el cielo contra toda impiedad e injusticia de los hombres que detienen con injusticia la verdad . . . Pues habiendo conocido a Dios, no le glorificaron como a Dios, ni le dieron gracias, sino que se envanecieron en sus razonamientos, y su necio corazón fue entenebrecido. Profesando ser sabios, se hicieron necios, y cambiaron la gloria del Dios incorruptible en semejanza de imagen de hombre corruptible, de aves, de cuadrúpedos y de reptiles. Por lo cual también Dios los entregó a la inmundicia, en las concupiscencias de sus corazones, de modo que deshonraron entre sí sus propios cuerpos; ya que cambiaron la verdad de Dios por la mentira, honrando y dando culto a las criaturas antes que al Creador. (vv. 18, 21-25)

En vez de adorar al Creador, la gente que Pablo está describiendo, adoró a sus criaturas. ¿Cuál fue el resultado? ¿Se volvieron más nobles? No. Se envilecieron, se volvieron necios e ilusos. La adoración mal orientada no los capacitó ni los elevó. Al contrario, los hizo menos humanos.

Nuestra capacidad para cumplir nuestro propósito en esta tierra disminuye drásticamente cuando rendimos culto a cualquier tipo de ídolos en lugar de adorar a nuestro Dios y Padre. Pero *descubrimos* nuestro propósito cuando adoramos al verdadero Dios. Cuando declaramos nuestra alianza con él con todo lo que somos y todo lo que tenemos, comenzamos a reflejar en nuestras vidas las cualidades de carácter de aquel al que adoramos y admiramos. En el proceso, descubrimos que nos estamos volviendo más humanos.

Pero para que eso ocurra, tal vez necesitamos asegurarnos que al Dios que estamos adorando es realmente el único y verdadero.

PERCEPCIÓN Y REFLEJO

Yo me crié en la Avenida Central de Nashville, Tennessee. Todavía es una de mis calles preferidas en la ciudad. Ahora es una zona histórica, llena de casas tipo bungalow con amplios balcones cobijados a la sombra de enormes, hermosos y viejos árboles por todos lados. Tengo lindos recuerdos de ese vecindario, incluyendo uno cuando aprendí una inolvidable lección sobre mis percepciones.

¿Recuerdas cuando en casi todos los vecindarios solíamos tener una casa embrujada señalada por los chicos? Nosotros teníamos una. Estaba habitada por una familia a la que llamaré los Porters. Ese no era su verdadero nombre, pero me parece mejor usar un seudónimo porque estábamos convencidos que todos los Porters asesinaban con hachas. ¡Y teníamos pruebas!

En una ocasión, vimos a un hombre parado en la ventana de los Porters sujetando un cuchillo, tenía las manos y los brazos ensangrentados. En otro incidente, vimos a la familia sacando de su camioneta para quince pasajeros lo que jurábamos era un cadáver, luego vimos cómo lo bajaban al sótano de la casa por la escalera. El colmo fue el día que estábamos jugando en el callejón trasero y vimos a unos individuos vestidos de negro, con los rostros pintados, practicando lo que parecía ser algún tipo de ejercicio militar.

Mis amigos eran muchachos típicos, lo que significaba que siempre nos estábamos retando mutuamente a hacer cosas. «A que no te atreves a brincar desde ese árbol». O, «a que no te atreves a comerte esta lombriz». Y hasta, «a que no te atreves a correr bicicleta frente a la casa de los Porters».

Un día, me hicieron el máximo reto: correr y tocar la puerta de la casa de los Porters. Estaba aterrado. Sin embargo, no aceptar un reto a esa edad podría devastar tu reputación. Así que me armé de todo el valor que pude y salí corriendo. Atravesé el patio de la casa, subí los intimidantes escalones y llegué al enorme y sombreado balcón. Pero en mi prisa, tropecé con el último escalón y caí justo al pie de la puerta.

Antes de que pudiera pararme y desaparecerme de allí, la señora Porter abrió la puerta. Ella tenía como unos setenta años y medía como cuatro pies ocho pulgadas (un metro cincuenta). Y se estaba riendo a carcajadas, tan fuerte que todo su cuerpo temblaba. Aparentemente había estado parada allí por algún tiempo, observándonos mientras poníamos en marcha nuestro elaborado plan.

Aquel día ocurrió un cambio radical. Los Porters se convertirían en buenos amigos de mi familia, al fin descubriríamos que no eran para nada asesinos con hachas. Eran dueños de una compañía fílmica y con frecuencia usaban su casa como escenario cinematográfico. Aquello explicaba la mayoría, sino toda, la actividad sospechosa que habíamos observado cuidadosamente.

Lo que aprendí aquel día fue algo de lo que me he percatado muchas veces desde entonces: nuestras relaciones se forman según las percepciones que tenemos de otros. Esto no solo aplica a nuestras relaciones con otras personas, sino también con Dios.

A. W. Tozer escribió en una ocasión: «Lo que viene a nuestra mente cuando pensamos en Dios es lo más importante sobre nosotros».[5]

Nada es más esencial que eso. Verás, no es suficiente con solo adorar a Dios para reflejarlo. Tienes que adorar una imagen precisa de él para que la reflejes con precisión.

¿Has conocido cristianos que hacen cosas extravagantes en el «nombre de Dios»?

No es suficiente con solo adorar a Dios para reflejarlo. Tienes que adorar una imagen precisa de él para que la reflejes con precisión.

Hace unos meses, me enteré por una llamada telefónica que un famoso —o infame— grupo religioso iba a formar un piquete frente al recinto de Nashville de nuestra iglesia Cross Point. Ese grupo asentado en Kansas era muy conocido por presentarse en iglesias, reuniones públicas y hasta en funerales, con lo que considero letreros vulgares condenando a cualquiera que no tenga su *muy* estrecha visión de Dios. Algunos de los letreros que he visto en las noticias leían:

- «¡Gracias a Dios por el 9/11!»
- «Dios odia a los homosexuales».
- «Dios odia a los judíos».
- «¡Vas camino al infierno!»

Resultó que nunca se presentaron en nuestra iglesia, por eso no sé qué hubieran dicho de nosotros. Pero pienso con frecuencia en ese grupo. Verás, creo que realmente piensan que están haciendo algo noble. En sus mentes, están representando a Dios y haciéndole un favor a este mundo comunicándole su mensaje. El problema, en mi opinión, es que el mensaje está totalmente equivocado, está basado en un cuadro impreciso de Dios.

Por desgracia, ellos no son los únicos que lo hacen. Muchos de nosotros albergamos un cuadro de Dios impreciso y perjudicial; es más, falso.

Si imaginamos a un Dios que desea satisfacer todos los deseos de nuestras vidas egoístas y materialistas, estamos adorando a un dios falso.

Si imaginamos a un Dios que no es otra cosa sino un padre demasiado indulgente que nos complacerá en todo siempre que se lo pidamos amablemente, estamos adorando a un dios falso.

Si imaginamos a un Dios que nos niega su amor y espera a que nos sometamos a todo un sistema de reglas para ganarnos ese amor, estamos adorando a un dios falso.

¿Qué ocurre cuando hacemos eso? Cada idea equivocada acerca de Dios conlleva una consecuencia equivalente en términos de nuestra relación con él y los demás.

¿Ves a Dios como a un policía cósmico que espera que tú y otros metan la pata? Si es así, puede que te pases la vida andando con mucho cuidado.

¿Lo ves como un padre impaciente que te niega su amor hasta que le muestres que eres lo «suficientemente bueno»? Quizás siempre te la pases haciendo lo imposible para tratar de hacerlo feliz.

¿Lo ves como un portero celestial cuya principal preocupación es tu comodidad? Tal vez estés resentido con él por no hacer su trabajo.

¿Crees que Dios piensa y actúa como tú? Es muy probable entonces que te la pases confundido, tratando de adivinar cuál será su siguiente movida.

Tener un cuadro acertado y bíblico de Dios es importante dado que la idolatría es un pecado que comienza en la mente, en los pensamientos, con las creencias, los juicios y la imaginación.

Un pensamiento equivocado sobre el carácter de Dios siempre es un catalizador para la idolatría.

EL CAMINO QUE NOS ALEJA DE LA IDOLATRÍA

Una vez escuché a alguien decir que no puedes simplemente abandonar un ídolo. Tienes que reemplazarlo.

En otras palabras, no puedes solo decir: «Quiero dejar de preocuparme tanto por los logros» o «Voy a dejar de ser un controlador empedernido».

Bueno, podemos *decir* esas cosas, pero es probable que con decirlas no detengamos nuestra conducta idólatra, porque tan pronto abandonamos una promesa vacía, nuestros corazones gravitarán hacia otra. Y otra.

Esto es, a menos que tomemos la decisión consciente de cambiar el enfoque de nuestra adoración; de reemplazar al dios falso con el Verdadero.

Si, por ejemplo, quiero remover el ídolo de la aprobación, tengo que enfocarme en el amor de Dios, así como en el valor que él me otorgó por medio del sencillo acto de la creación.

Si quiero eliminar el ídolo del dinero, tengo que comenzar a enfocarme en la generosidad de Dios y su persuasivo mandamiento de que es mejor dar que recibir, lo que rompe el patrón de recibir, recibir y recibir.

En otras palabras, romper el patrón de la idolatría en nuestras vidas no solo requiere que nos «alejemos de» sino también que nos «acerquemos a».

No podemos simplemente *parar* de adorar a cierto ídolo.

Tenemos que *comenzar* a adorar a Dios activamente.

Adorarlo continuamente nos recuerda que se trata de *su poder*, no del nuestro. Que se trata de *sus propósitos*, no los nuestros. Que se trata de *su gloria*, no la nuestra.

Si es cierto que nos convertimos en lo que adoramos, el camino que nos aleja de la idolatría es renunciar a todas esas promesas vacías y comenzar a confiar en el Dios viviente. En lenguaje psicológico, tenemos que «desconectarnos» para entonces poder «reconectarnos».

Sin embargo, esto solo ocurre por medio de una intervención de gracia divina. La fuerza de voluntad no será suficiente. La convicción moral no bastará. Solo el quebrantamiento en lo profundo de nuestro ser podrá lograrlo. Solo la entrega total da resultado. Solo tendrá efecto el dejar que el amor de Jesús traspase nuestra vergüenza y nuestra culpa.

La capacidad para renunciar a la idolatría es un regalo de Dios. Es lo que nos capacita para elevar nuestra verdadera adoración al infalible Dios. Pablo hace esta observación en Romanos 12.1: «Así que, hermanos, os ruego *por las misericordias de Dios*, que presentéis vuestros cuerpos en sacrificio vivo, santo, agradable a Dios, que es vuestro culto racional» (énfasis añadido).

La misericordia de Dios viene primero. Según los once capítulos previos de Romanos, misericordia significa su gracia y su justificación, dadas a nosotros a través de la muerte de su Hijo y selladas en nuestro corazón por su Espíritu. Es solo por su gracia que podemos acercarnos para adorarle.

¿Qué hacemos en respuesta? Adoramos. Es decir, traemos el sacrificio de nosotros mismos —hechos aceptos por el sacrificio de Cristo— y le pedimos a Dios que llene el «hueco en nuestras almas» con él mismo. Tomamos la decisión de volvernos a él, amarlo con todo nuestro corazón, mente, alma y fuerzas. Nos postramos ante él como Rey. Le ofrecemos nuestros presentes: nuestros gritos de alegría, nuestras alabanzas, nuestras ofrendas y diezmos. La adoración se convierte en testigo de nuestra confesión de todo lo que Jesús ha hecho por nosotros. Presentamos nuestras peticiones, escuchamos su voz y confiamos en que él contestará nuestras oraciones. Luego, seguimos adelante en obediencia, pues esta es nuestra manera jubilosa de vivir su voluntad para nosotros.

El propósito de la adoración es transformarnos para que seamos más como Cristo. En lugar de conformarnos a este mundo, rechazamos las promesas vacías y nuestras adicciones idólatras. Entonces Cristo, por su parte, nos conforma a él (Romanos 12.2). Él comienza a hacer que renazca en nosotros el carácter que nos ha faltado.

¿Puedes ver cómo opera todo esto? Nosotros dejamos nuestros ídolos. Venimos a Jesús. Nos rendimos a él. Y él nos cambia más, más y más. Él nos recrea a su imagen y crea en nosotros lo que Richard Foster llama una «dependencia santa».[6] Nos volvemos total y completamente dependientes de Dios en todo lo importante que ocurre en nuestras vidas.

Fue una dependencia santa la que llevó a Isaías a ver a Dios tal cual era y clamar: «¡Ay de mí! que soy muerto; porque siendo hombre inmundo de labios, y habitando en medio de pueblo que tiene labios inmundos, han visto mis ojos al Rey, Jehová de los ejércitos» (Isaías 6.5).

Ubicar a Dios en el lugar apropiado en nuestras mentes y nuestros corazones nos permite poner todo lo demás en perspectiva; incluyendo las cosas con las que contamos con frecuencia para que nos den lo que solo Dios puede darnos. Por eso la adoración es una de nuestras defensas más poderosas contra la promesa vacía de la idolatría.

LA ADORACIÓN ES UN ESTILO DE VIDA

Me parece que por muchos años definí la adoración como algo que ocurría durante una serie de cuatro canciones el domingo por la mañana. Limitaba la adoración a algo que, para entrar en ella, requería de alguien en el altar con una guitarra. Las personas con una tradición o en un tiempo distinto quizás la limitaban a cantar del himnario mientras escuchaban el órgano, o permanecían sentados en sus escaños en silencio, esperando que el espíritu se moviera. Pero he llegado a la conclusión de que todas esas definiciones «eclesiásticas» son demasiado restrictivas.

La adoración puede practicarse cada vez que respiramos. No cometas el error de adorar a Dios un día a la semana y perdértelo los otros seis días. No cometas el error de reconocer su presencia por treinta minutos durante tus devociones matinales para luego ignorarlo las veintitrés horas y media restantes de tu día.

Hebreos 13.15 (NTV) nos dice: «Por lo tanto, por medio de Jesús, ofrezcamos un sacrificio *continuo* de alabanza a Dios, mediante el cual proclamamos nuestra lealtad a su nombre» (énfasis añadido). Puedo adorar:

Mientras estoy manejando.

Cuando me detengo y observo las estrellas en el cielo.

Cuando levanto mi voz a él junto a otras personas.

Mientras estoy viendo a mis hijos jugar.

En cualquier momento de cualquier día porque es simplemente mi respuesta a lo que Dios es y lo que ha hecho. Es mi reconocimiento de que todo lo que estoy buscando viene de él y solo de él.

Sin adoración, mi vida se reduce rápidamente a momentos insignificantes, sin propósito y en una adoración insensata a ídolos que me dejan perdido y anhelando más.

Estoy aprendiendo que no puedo limitar mi adoración a la música ni a los edificios, a lo contemporáneo ni lo tradicional, ni solo al domingo. Si de verdad quiero tomarme en serio la transformación, tengo que tomarme en serio la adoración y entender que es un estilo de vida. Sin adoración, mi vida se reduce rápidamente a momentos insignificantes, sin propósito y en una adoración insensata a ídolos que me dejan perdido y anhelando más.

Cuando practico con regularidad la adoración, recuerdo a cada instante que existe un Dios infinito, todopoderoso y sin límites que me está acercando a su presencia, allí constantemente soy moldeado por su omnipresente gracia en algo que se parece más y más a él.

Esa adoración me da poder cuando estoy débil; paciencia cuando me apresuro demasiado; amor cuando tengo rabia; paz cuando me preocupo y esperanza cuando quiero rendirme.

Aunque Dios sostiene galaxias enteras solo en la palma de su mano y simplemente pensó en los seres humanos y existimos, dándonos así vida, aliento y todo lo demás; también nos invita a entablar una relación con él, contemplándole tal cual él es, para así poder convertirnos en los hombres y las mujeres que tanto anhelamos.

Él nos invita a recordar con cada respiro que no existe otro Dios. Que hay una conexión entre su valor infinito, descubierto en la práctica y en la disciplina de la adoración, y nuestro propio anhelo interior de amar algo totalmente.

Es solo cuando abrimos nuestros corazones para adorar verdaderamente a nuestro Creador que somos liberados para desprendernos de los pequeños dioses que pretenden ejercer dicho poder.

Las promesas vacías son solo eso. Vacías.

Dios no tiene comparación.

CAPÍTULO ONCE
CÓMO VIVIR CERCA DE LA VERDAD

He pasado casi toda la tarde de hoy de una sesión consejería a otra.

Atendí la situación de un caballero cuya esposa lo dejó porque él ha consagrado toda su vida a ascender la escalera profesional. Ella se hartó de cuidar a los hijos y de atender todas las necesidades de la familia, mientras él continuaba siéndole infiel a su familia con su sueño corporativo. Él me dijo que tuvo muchísimas señales en el camino de que le estaba ocasionando un inmenso daño al hogar; sin embargo, las ignoró para ir tras lo que él pensó que era lo que más deseaba. Ahora que su familia se ha ido, se da cuenta de que perdió lo más importante.

Tenemos el caso de una pareja que está tocando fondo en estos momentos pues van a perder su casa, tienen que entregar sus coches y acogerse a una quiebra. Con el deseo de mantenerse al nivel de sus amistades, habían sobregirado sus tarjetas de crédito, comprando cosas que no necesitaban con dinero que no tenían para impresionar a personas que ni siquiera les caían muy bien. Cuando el esposo perdió su empleo unos meses atrás, todo se vino abajo.

Podría seguir contándote otros tres o cuatro escenarios que atendí esa tarde, pero todos tienen un denominador común: el autoengaño.

He acariciado la idea de que los seres humanos tenemos una misteriosa inclinación a autoengañarnos. Si piensas que no tienes este problema, es muy probable que seas el ejemplo número uno. Porque la verdad es que todos somos engañados por algo.

Claro está, la naturaleza misma del autoengaño hace más fácil que lo veamos primero en las vidas de otros que en las nuestras.

Sabes a qué me refiero. Es posible que hayas tenido amigos cuyas vidas fueron cuesta abajo delante de tus ojos. Querías halarte el pelo mientras ellos cometían los mismos errores una y otra vez.

Sabías que aquel tipo era una mala noticia para ella.

Sabías que aquel trabajo lo estaba controlando.

Sabías que la mentalidad tipo «nunca es suficiente» al final los haría pedazos.

Todo era muy obvio para ti, pero ellos no podían verlo. Si les pasa a tus amigos de vez en cuando, estoy seguro que también te está pasando a ti.

La Biblia nos advierte acerca de ese tipo de engaño en Gálatas 6.7-8: «No os engañéis; Dios no puede ser burlado: pues todo lo que el hombre sembrare, eso también segará. Porque el que siembra para su carne, de la carne segará corrupción; mas el que siembra para el Espíritu, del Espíritu segará vida eterna».

Proverbios 14.12 nos sugiere lo mismo:

> *Hay camino que al hombre le parece derecho;*
> *Pero su fin es camino de muerte.*

¿Puede haber un ejemplo más claro de un «fin [que] es camino de muerte» que depender del engaño —el autoengaño— de una promesa vacía?

El asunto a lo largo de todo este libro no ha sido «¿Batallas con la idolatría?» Desde el comienzo establecimos eso que nos pasa a todos.

Hemos pasado bastante tiempo tratando de identificar las promesas vacías más comunes con las que luchan las personas en nuestra cultura. Mi suposición es que una o más de ellas te son conocidas. En verdad que para mí lo son.

La pregunta del millón de dólares ahora es: «¿Qué hacemos con respecto a nuestros ídolos?» ¿Cómo podemos estar cada vez más conscientes de las cosas que alejan nuestros corazones de Cristo y que nos hacen creer que pueden dar a nuestras vidas significado, importancia y éxito?

El simple hecho de identificar nuestros ídolos y querer remplazarlos tal vez no nos llevará a ningún tipo de transformación. Lo que en verdad necesitamos es una forma de experimentar a Dios a diario, de modo que podamos salir del autoengaño y reconocer cuán muertos y vacíos están nuestros ídolos.

Ya hemos visto algunas respuestas:

- reconocer que tenemos corazones idólatras
- identificar a qué personas o cosas tendemos a mirar para que nos den lo que solo Dios puede darnos
- entender que esos ídolos no pueden simplemente removerse, sino que tienen que remplazarse
- remplazar nuestros ídolos con Dios mismo
- encontrarnos a nosotros mismos en la adoración

En todo eso es importante reconocer que el simple hecho de identificar nuestros ídolos y querer remplazarlos tal vez no nos llevará a ningún tipo de transformación. Lo que en verdad necesitamos es una forma de experimentar a Dios a diario, de modo que podamos salir del autoengaño y reconocer cuán muertos y vacíos están nuestros ídolos.

Se necesita un encuentro con el Dios vivo para mantenernos viviendo cerca de la verdad.

Existen ciertas prácticas espirituales que me permiten ver con más claridad la verdad sobre mí mismo, mis deseos y las mentiras que he creído. Ellas me ayudan a tener ese encuentro vivo y real con un Dios santo al que necesito con desesperación. He descubierto que lejos de estos hábitos o disciplinas sucumbo más fácilmente a ese estado de engaño que me lleva a la idolatría. Es mi oración que estas breves declaraciones te sirvan como una invitación a descubrir —o redescubrir— la vida abundante que vives cuando colocas a Cristo en el centro de tu vida.

SOLEDAD

En junio del 2000 estaba pasando por algunos momentos difíciles en el ministerio. No estaba realmente deprimido, ni enojado ni agotado. Simplemente me sentía sin inspiración, mediocre y atascado. No tenía una visión real de lo que Dios quería que hiciera, sentía que mi crecimiento espiritual se había estancado.

Había escuchado de otros pastores que se apartaban en «retiros de silencio y soledad». Así que sin ninguna otra opción, decidí que era una buena idea. Nada más parecía dar resultado, entonces, ¿por qué no tratar?

Una familia de la iglesia tiene una pequeña cabaña en un lugar llamado Leonard Oak, en Kentucky. Creo que menos de una docena de personas sabe dónde está Leonard Oak. Me parece que menos de una docena realmente vive allí. Así que decidí que ese sería un buen lugar para mi retiro.

Entré a la cabaña muy emocionado ante la perspectiva de lo que Dios podía hacer en mi vida las siguientes veinticuatro horas. Llevaba conmigo un tocadiscos compacto portátil con más o menos una docena de predicaciones que quería escuchar. Tenía mi computadora, varios libros, algo de música y otros artículos para mantenerme entretenido.

Y sí, puedo ver la falla en mi pensamiento . . . ahora.

Aunque estaba técnicamente solo por aquellas veinticuatro horas, en realidad había muy poco silencio y mucho menos una soledad real. Había llevado conmigo muchísimas cosas para mantener mi mente ocupada. Pero a pesar de eso, me sentía miserable la mayor parte del tiempo. Sentía aquella constante urgencia por regresar lo más pronto posible a la «productividad». La idea de estar sentado y en silencio ante Dios parecía sin sentido, hasta imposible. Tenía que pelear con la urgencia de tomar el teléfono y hacer algo.

Ahora bien, ¿por qué un simple fin de semana en la soledad era tan difícil para mí? Por la misma razón por la que organizas tu vida, consciente o inconscientemente, para evitar estar en silencio o a solas por mucho tiempo. Dicho de manera simple: estaba asustado.

No creo que haya duda en que muchos de nosotros estamos adictos al ruido, que nos inclinamos a erradicar el silencio por completo. Como explica Dallas Willard:

> El silencio es aterrador porque nos desnuda como nada más puede hacerlo, nos lanza contra las crudas realidades de nuestra vida. Nos recuerda a la muerte, que nos arrancará de este mundo y nos deja solo a nosotros y Dios. Y en ese silencio, ¿qué tal si resulta que hay muy poco para «nosotros y Dios»?[1]

¡Eso es exactamente! Eso era lo que temía: que me desnudaran, que me expusieran. Tampoco quería enfrentar el hecho de que había permitido ser definido más por lo que hago o por lo que los demás piensan de mí que por mi Creador.

Henri Nouwen, escribiendo sobre su experiencia con la soledad, resume muy bien tanto los retos como los beneficios de la soledad y el silencio:

> En la soledad nos libramos de todo andamiaje: sin amigos con quienes hablar, sin llamadas telefónicas que hacer, sin reuniones a las que asistir, sin música que nos distraiga, sin libros que nos entretengan, queda solamente el yo —desnudo, vulnerable, débil, pecador, pobre, roto, nada . . . —. En la soledad nos enfrentamos con esta nada que nos asusta y de la que todo nuestro ser pide

> huir para volver con los amigos, al trabajo y a las distracciones, de forma que podamos olvidarla y hacernos creer que somos algo. Pero eso no es todo. Tan pronto como decidimos permanecer en la soledad, saltan a nuestro pensamiento ideas confusas, imágenes molestas, locas fantasías y extrañas asociaciones como monos en un platanar. La ira y a la avaricia comienzan a mostrar sus horribles rostros. Empezamos a ofrecer discursos largos y hostiles a nuestros enemigos y comenzamos a tener sueños lujuriosos en los que somos ricos, muy atractivos y tenemos influencia o somos pobres, feos y necesitamos consuelo inmediato. Así que intentamos huir otra vez del oscuro abismo de nuestra nada y restauramos nuestro falso yo en toda su vanagloria.
>
> Lo que hay que hacer en este caso es permanecer en la soledad, permanecer en la celda, hasta que nuestros seductores visitantes se cansen de llamar a nuestra puerta y nos dejen en paz.[2]

A pesar del miedo y los retos, creo que la soledad es algo que todos necesitamos. Ciertamente fue importante para Jesús. Según Lucas 5.16 (NTV): «Jesús muchas veces se alejaba al desierto para orar». Lucas no cuantifica las palabras *muchas veces*, pero su frase indica que Jesús se retiró a la soledad para estar con Dios en intervalos periódicos.

Ahora bien, si Jesús, el Hijo de Dios, pensaba que era importante y necesario retirarse para estar con el Padre, ¿cuánto más importante es para ti y para mí?

Anhelamos un lugar donde nuestros deseos más profundos de ser amados incondicionalmente puedan ser satisfechos. Anhelamos un lugar donde podamos descansar de nuestro descontrolado, agitado y rutinario mundo. Necesitamos un lugar donde nos recuerden que nuestras vidas realmente importan y que pueden ser significativas en un sentido desproporcionado de lo que somos.

La soledad es ese lugar. Es ahí donde finalmente tenemos una oportunidad para bajar la guardia y encontrarnos con nuestro Señor sin distracciones. Solo tú o yo, a solas con aquel que nos ofrece amor verdadero y satisfacción.

AYUNO

Tengo que ser muy franco contigo. No siempre me he sentido feliz con el ayuno. En realidad, cuando comencé por primera vez, detestaba esta práctica. No la entendía y sentía pavor cada vez que comenzaba a ayunar. Sin embargo, también puedo decir con sinceridad que el ayuno se ha convertido en una disciplina extremadamente importante para mí, algo que me ayuda a descubrir mis promesas vacías e identificar las raíces de idolatría en mi vida.

El ayuno me recuerda mi humanidad. Me muestra lo que realmente necesito y anhelo. Me estimula a recordar cuánto necesito permanecer conectado a la fuente de vida que es Jesucristo. Cada retortijón de hambre, cada deseo que siento de regresar a lo que he dependido, me recuerda que tengo que buscar la intimidad con aquel que realmente me sostiene.

Recuerdo haberle preguntado a un amigo si alguna vez había ayunado. Me contestó: «¡Seguro que no! ¿Por qué haría algo así? Me encanta la comida y no hay absolutamente nada malo con comer. ¿Por qué me tengo que abstener de comer como si hubiera algo inherentemente maligno en hacerlo?»

Pero él no estaba captando la idea . . . igual que me pasó a mí en un momento.

Ayunar no es solo estar sin comer, aunque el ayuno de comida puede ser una práctica muy útil. Ayunar es una abstinencia voluntaria de *cualquier cosa* que pueda interponerse en tu conexión con Cristo de momento a momento . . . cualquier cosa. Puedes ayunar en cuanto a cualquier cosa, desde beber sodas hasta de oír el teléfono celular.

Ayunar no se trata de deshacerte del mal en tu vida. Es más, muchas de las cosas de las que ayunamos son buenas, hasta regalos de Dios, pero se han vuelto progresivamente demasiado importantes para nosotros. Me parece que

El enfoque de un ayuno no es lo ridículamente malo, sino lo engañosamente bueno.

tenemos una inclinación innegable a la obsesión, hasta volvernos adictos a actividades y objetos que a la larga tienen poco significado: ir de compras, las novelas, la televisión, los juegos de video, los emails, Facebook, Twitter e Internet en general.

En cualquier caso, es importante reconocer que el enfoque de un ayuno no es lo ridículamente malo, sino lo engañosamente bueno. John Piper escribe:

> El mayor enemigo del hambre de Dios no es el veneno, sino el pastel de manzana. Lo que apacigua nuestro apetito por el cielo no es el banquete de los malvados, sino el constante picoteo entre horas a la mesa del mundo. No es esa película X, sino los constantes sorbos de trivialidad que ingerimos cada noche. A pesar de todo lo malo que puede hacer Satanás, cuando Dios describe lo que nos aparta de la mesa del banquete de su amor, siempre acaba siendo una porción de terreno, una yunta de bueyes, una esposa (Lucas 14.18-20). El mayor adversario del amor de Dios no radica en sus enemigos, sino en sus dones. Y los apetitos más mortíferos no son el tóxico del veneno, sino los que sentimos por los sencillos placeres de este mundo. Porque cuando sustituimos a Dios por un apetito, apenas si logramos discernir la idolatría, que además es casi incurable.[3]

Uno de los más gratificantes, aunque difíciles ayunos en mi vida en estos días es el de tecnología. Durante veinticuatro horas me abstengo lo mejor que puedo de la televisión, los teléfonos, Internet, Facebook, Twitter y cosas por el estilo. En lugar de eso, paso mi tiempo leyendo, orando, disfrutando con mi familia y, por lo general, bajando mi ritmo de vida lo suficiente para notar los maravillosos regalos con los que Dios me ha bendecido.

Ahora bien, no me malinterpretes. Me encanta la tecnología. Me fascina la forma en que me conecta con personas alrededor de todo el mundo. Disfruto mucho de las maneras en que puedo comunicarme, compartir, aprender y ser retado a través de mi celular, iPad, computadora y mucho más. Pero estoy aprendiendo lentamente a reconocer que existe una diferencia entre usar la tecnología y ser usado por ella o hasta convertirla en un ídolo. Mi ayuno me recuerda esa diferencia.

Estos ayunos de tecnología han resultado más difíciles de lo que jamás imaginé. Pero cada vez que tomo el teléfono o corro a revisar mi Facebook, recuerdo que tengo que detenerme y orar . . . este es el propósito real del ayuno. Esta disciplina ha sido un catalizador asombroso para darme cuenta de lo fácil que es llenar mi vida de otras cosas que no son buscar a Dios.

Todos tendemos a llenar los espacios vacíos en nuestras vidas con lo que esté al alcance fácilmente, lo cual dificulta que veamos de qué tenemos hambre en realidad. Tenemos esta ilusión de satisfacción que viene de nuestra relativa prosperidad, nuestras vidas ocupadas y nuestra a menudo pretendida espiritualidad.

No deja de sorprenderme a lo largo de mis veinticinco años como cristiano, cuán fácil y con cuánta frecuencia me engaño espiritualmente a mí mismo. Tengo una destreza verdaderamente impresionante para lucir mucho más espiritual de lo que en realidad soy. Soy muy presto para alabar a Dios con mis labios, para anunciar que él es lo más importante en mi vida, para reclamar que todo en este mundo palidece al compararse con él.

El ayuno me permite poner a prueba todas esas palabras insignificantes. Me revela cuán fácil es engañarme a mí mismo pensando que Dios es lo más importante en mi vida cuando en realidad estoy hundido hasta la coronilla en la idolatría.

Richard Foster habla al respecto en su obra *Celebración de la disciplina*:

> Más que cualquier otra disciplina, el ayuno nos revela las cosas que nos controlan. Este es un maravilloso beneficio para el verdadero discípulo que anhela ser transformado a la imagen de Jesucristo. Ocultamos lo que hay en nuestro interior con comida y otras cosas buenas.[4]

En el Salmo 35.13, David dice: «Afligí con ayuno mi alma». Pero, ¿qué tiene que ver el afligir nuestra alma con el ayuno? He descubierto que a través del ayuno nos percatamos rápidamente de qué hay en nuestro interior —las tentaciones sexuales, la amargura en ciertas relaciones, los temores al fracaso, la ira sin resolver, los celos que bullen debajo de la apariencia, los anhelos insatisfechos— y me doy cuenta de cuán desesperadamente necesito el poder sanador de Dios en mi vida. Me percato de cuánto necesito vivir un momento tras otro cerca de su presencia, pues eso satisface el hambre de mi alma de una manera que jamás podrán hacerlo las promesas vacías.

Muy pocas disciplinas espirituales son tan contraculturales como el ayuno. Me parece que pocos me discutirían que la voz de nuestra cultura grita continuamente: «Más es mejor». El mercadeo parece dominarnos las veinticuatro horas del día y nos alienta a enfocarnos en lo que *no* tenemos (o pensamos que no tenemos): dinero, poder, sexo, belleza . . . lo que sea.

El ayuno nos ayuda a volver nuestras mentes y corazones a lo que sí tenemos . . . y lo que realmente necesitamos. Eso se basa en la idea de que necesitamos menos de algo para así tener más de lo más importante. Es una forma de pausar ante el interminable y absurdo consumo que nos traga justo antes de darnos cuenta y reaprender lo que Jesús mismo nos enseñó: «¿No es la vida más que el alimento, y el cuerpo más que el vestido?» (Mateo 6.25).

El ayuno es paradójico. Acepto el vacío para así experimentar la llenura. Cuando ayuno espero, en mi vacío, poder reconocer más fácilmente a Dios como la fuente de toda la vida y actividad humana. En mi vacío aumenta mi sensación de dependencia de Dios.

En tantas maneras que no puedo explicar, el ayuno me pone en una posición en la que no solo escucho a Dios, sino que soy formado por él. Me lleva a un lugar donde siento un elevado sentido de vulnerabilidad y una reducida sensación de poder. He llegado a creer que equipara a una cierta disposición para escuchar y obedecer a Dios.

Mi experiencia es que cuando me rodeo de todas las cosas que me hacen sentir cómodo, necesito poco, si no algo, de poder de Dios.

Rodeado de todo lo que pienso que necesito, involucrado en mis formas, métodos, estrategias y planes, me convierto en un producto de mi propia voluntad y sabiduría.

Pero ayunar de alguna o todas esas cosas me ayuda a hacer añicos la arrogancia de mi alma. Deja a mi cuerpo y a mi alma gimiendo de hambre por Dios.

Y esa es un hambre que realmente puede ser satisfecha.

PALABRA DE DIOS

¿Quién hubiera pensado hace veinte años que el negocio de unidades de almacén se convertiría en una industria de un billón de dólares. El estadounidense típico ha acumulado tantas cosas que tenemos que pagar para almacenar el exceso.

Lo interesante es que cada uno de nosotros ha sido creado también con una unidad de almacén mental: nuestros cerebros. Pero, si bien es cierto que la capacidad de almacenaje del cerebro humano es bastante grande, no es infinita. Es por eso que la mayoría terminamos con nuestros almacenes mentales abarrotados por el continuo bombardeo de «contenido» que recibimos.

Se informa con frecuencia que la persona promedio es bombardeada con unos tres mil mensajes de mercadeo diarios. Aunque existe algo de debate con respecto al número,[5] nadie discute que la vida normal para la mayoría de los estadounidenses incluye un bombardeo constante de mensajes que han sido estratégicamente diseñados para crear una visión de la buena vida:

- «Come esto».
- «Maneja esto».
- «Di esto».
- «Viste esto».
- «Piensa esto».
- «Gasta esto».
- «Compra esto».

En cada uno de los casos, la buena vida supuestamente requiere tal o cual producto o servicio que resulta que los maestros del mercadeo están ofreciendo. Ya sea que estemos conscientes o no, estos mensajes e imágenes se están acumulando en nuestra unidad de almacén mental. Y —esto es lo importante de veras— todo lo que almacenamos en nuestros cerebros afecta la manera en que pensamos y actuamos.

Jesús hizo algunos señalamientos sobre cómo opera esto:

> Un buen árbol produce buenos frutos, y un mal árbol produce malos frutos. Para saber si un árbol es bueno o malo, sólo hay que fijarse en sus frutos. Lo mismo sucede con las personas: para saber si son buenas o malas, sólo hay que fijarse en las cosas que hacen. Lo que ustedes enseñan es tan malo como el veneno de una serpiente. ¡Claro! ¿Cómo van a decir cosas buenas, si ustedes son malos? Porque si alguien es bueno, siempre dice cosas buenas, y si es malo, siempre dice cosas malas. (Mateo 12.33-35, TLA)

El principio aquí es bastante obvio. Si lo que no puedes ver —el interior del árbol— está saludable, entonces el fruto —lo que puedes ver— será también saludable. Si el interior es malo, el fruto también lo será.

¿Sabes? La meta principal de Jesús no era crear una lista de reglas que nos ayudara a llevar una mejor vida. Él sabía que la transformación espiritual de lo que trata es de cambios internos que, a fin de cuentas, afectan la manera en que vivimos. De lo que trata es de seleccionar qué acumulamos en nuestras unidades de almacén mental.

Esa es la razón por la que creo que es tan esencial para mí sumergirme en las Escrituras. Es mi manera de almacenar «cosas buenas» en mi mente y mi corazón. Estoy muy consciente de la profunda necesidad de tener palabras de Dios que alimenten mi alma y me enseñen todo lo que necesito saber.

Pablo nos alienta a todos a hacer eso. Él escribió: «Transformaos por medio de la renovación de vuestro entendimiento» (Romanos 12.2).

En estos días me gusta ver la Palabra de Dios y mi práctica de leerla a diario como un tiempo en el que abro mis manos y recibo los dones que Dios desea darme. Es una oportunidad para que su gracia y su amor me sorprendan. Para permitir que mi mente sea renovada y transformada, llena hasta el borde de cosas buenas que no pueden hacer otra cosa sino manifestarse e influenciar mi vida. Así que mientras medito en su belleza, reflexiono en su significado y exploro sus implicaciones, traigo a la memoria cómo Dios, y solo Dios, puede satisfacer cada uno de mis anhelos.

ORACIÓN

Una vida de oración eficaz es parte esencial de batallar contra la idolatría. Es algo que todos necesitamos con urgencia, sin embargo, la descuidamos a menudo. En efecto, a menudo los cristianos se sienten más culpables con respecto a su vida de oración —o la falta de ella— que casi cualquier otro aspecto de su vida espiritual.

¿Te pasa a ti? ¿Te sientes a veces culpable por el poco tiempo que pasas orando o por no poder concentrarte durante tu momento de oración? ¿Alguna vez te has preguntado si estás orando de la manera correcta o te preocupas porque deberías estar haciendo algo diferente?

John Ortberg habla sobre esto en su libro *El ser que quiero ser*:

> Cuando oro, termino orando por cosas que pienso que *deberían* preocuparme: los misioneros, la paz mundial y el calentamiento del planeta. Pero mi mente se sigue desviando hacia las cosas que genuinamente me preocupan. La manera en que mis palabras fluyen hasta convertirse en oración es esta: *tengo que orar por lo que está en mí, no por lo que desearía que estuviera en mí.*[6]

¡Me encanta eso! ¡Qué descubrimiento tan asombroso! Mientras más he comenzado a orar por lo que está en mí, en lugar de lo que desearía que estuviera en mí, más he podido disfrutar realmente mi tiempo con Dios.

Mientras más he comenzado a orar por lo que está en mí, en lugar de lo que desearía que estuviera en mí, más he podido disfrutar realmente mi tiempo con Dios.

Eso en realidad nos lleva a un asunto más profundo de la oración. Creo que muchos vivimos con esa idea de que Dios no escucha ni ve ciertas cosas en nuestra vida. Pensamos que en verdad podemos engañar a Dios orando sobre una cosa cuando en realidad estamos pensando y enfocados en otra cosa. (Aquí está otra vez ese asunto del autoengaño.)

A veces tengo que reírme cuando veo a mis tres hijos peleándose sobre quién va a orar al momento de cenar.

Por lo general, comienzo con Jett, mi hijo mayor, y le digo algo como: «Me parece que Gage debe orar hoy». Gage contesta: «No, creo que debe hacerlo Brewer». Brewer entonces dice: «No, yo oré anoche. Le toca el turno a Jett».

Hace apenas unas noches, le pedí a mi hijo Gage que orara por los alimentos. Él me miró con ojos de perro tristón y dijo: «Papá, quiero hacerlo. De verdad quiero. Pero tengo demasiada hambre para orar hoy. Otro va a tener que hacerlo».

Típicamente, dan excusas hasta que al final decido quién se va a hacer cargo de la difícil tarea de dar gracias a Dios por los alimentos que nos ha provisto. Entonces uno de los muchachos comienza a pronunciar una oración que piensas que ha querido hacer durante todo el día.

Toda la rutina no es solo graciosa, sino bastante irónica, porque aparentemente no cruza por las mentes de estos muchachos que tal vez Dios puede en realidad escucharlos pelear por no querer orar. ¿Pero ningún adulto pensaría así? ¿Verdad?

Seguro que lo hacemos. Todo el tiempo.

¡Por eso la gente usa una voz distinta cuando oran! Por eso pensamos que tenemos que cerrar los ojos o estar en cierta posición con nuestras manos. Por eso oramos por cosas que nos parece que suenan espirituales en lugar de simplemente decir lo que hay de verdad en nuestras mentes y en nuestros corazones.

Vas a experimentar un cambio radical en tu vida de oración cuando descubras que no tienes que orar otra cosa sino lo que tienes en tu mente y en tu corazón. Es aquí cuando comienzas a descubrir que cada momento, cada pensamiento y cada segundo es otra oportunidad para conectarte con tu Padre celestial.

Mi miedo es que este asunto con la oración sea simplemente indicador de una preocupación mucho mayor: nuestra tendencia a separar nuestras vidas espirituales de nuestras vidas cotidianas. Por eso es que hablas de una manera en la iglesia y de otra cuando estás en el trabajo. Por eso es que actúas de una forma cuando estás con tus amistades en el estudio bíblico y de otra cuando estás con ellas en el centro comercial o en el campo de golf.

Para deshacernos de nuestra vida de idolatría, tenemos que dejar de compartimentar a Dios en una sección particular de nuestras vidas. Esto es especialmente cierto cuando se trata de la oración.

La oración nunca tuvo el propósito de ser una actividad. Se parece más a una conversación continua, una manera de estar en una relación.

¿Recuerdas cuando estabas aprendiendo a manejar? Yo todavía lo recuerdo como si hubiera sido ayer. Mi papá, como muchos otros padres, me hizo aprender en un coche de transmisión manual. Recuerdo cuando me sentaba en el asiento del conductor y me sentía abrumado por la enorme lista de cosas que tenía que hacer:

- Darle vuelta a la llave.
- Chequear los espejos.
- Ajustar el asiento.
- Colocar ambas manos sobre el volante y respirar profundo.
- Pisar lo más fuerte posible el pedal de freno.
- Pisar el embrague suave y completamente.
- Colocar el coche en la primera velocidad.
- Regresar inmediatamente mi mano derecha al volante.
- Sacar lentamente mi pie del freno y, al mismo tiempo, comenzar a soltar el embrague.

- Presionar el acelerador hasta comenzar a sentir que el coche temblaba bruscamente.
- Avanzar hacia delante y orar para que el coche no se apagara.

Durante muchas semanas, sino meses, esta era la lista mental que cotejaba cada vez que me subía al coche. No recuerdo en qué momento dejé de pensar en esos pasos, encendí el coche y comencé a manejar. Pero al día de hoy, puedo entrar de un brinco a mi coche y hacer todo eso mientras converso con alguien. Ya no tengo ni que pensar en ello.

Creo que así debe ser la oración. No me refiero a que se convierta en una rutina sin sentido, sino que dejemos de compartimentar las oraciones y hagamos de ella algo natural y habitual en nuestra vida. Que, de alguna manera nos alejemos del *estoy sentado aquí orando con los ojos cerrados, y ahora estoy frente a la computadora en el trabajo, y ahora estoy orando otra vez, y ahora estoy compartiendo con mis amigos, y ahora estoy orando.* En lugar de eso, que la oración se convierta en una parte integral de la forma en que vivimos.

Simplemente piensa en este puñado de ocasiones en la Biblia en las que se describe la oración como algo casi tan natural como la respiración:

- «También les refirió Jesús una parábola sobre la necesidad de orar *siempre*, y no desmayar» (Lucas 18.1, énfasis añadido).
- «Orando *en todo tiempo* con toda oración y súplica en el Espíritu» (Efesios 6.18, énfasis añadido).
- «Orad *sin cesar*» (1 Tesalonicenses 5.17, énfasis añadido).

Otra vez, estos versículos presentan una oración que es mucho más que sentarse, cerrar los ojos y orar una lista de cosas que deseamos que Dios cambie. Se convierte en una forma de estar continuamente conscientes de la presencia de Dios. Como lo expresa Ortberg:

> La meta de la oración no es volverse un experto al orar, como piensa mucha gente. La meta de la oración no es tratar de establecer nuevas marcas de cuánto tiempo podemos pasar orando. *La meta de la oración es vivir toda mi vida y hablar todas mis palabras en la jubilosa conciencia de la presencia de Dios.*[7]

¿Entiendes lo que eso significa?

La oración no es pensar en Dios en contraste con otras cosas, como los deportes. La oración ni siquiera es pasar tiempo con Dios en contraste con el que pasas con otras personas. Cuando separas a Dios de esas cosas, comienzas a separar a Dios de tu vida diaria e interrumpes la conexión necesaria entre Cristo y tú. En el idioma de Juan 15.1-17, estás cortando el pámpano (tú) de la Vid (Jesús).

Estoy aprendiendo que cada momento de mi vida es un tiempo para la oración ya que cada instante debo estar consciente de la presencia de Dios. Y esta disciplina de oración constante es una oportunidad para concientizarnos de Dios con nosotros.

¿Acaso quiere decir que no debo separar nunca un tiempo específico para orar? No, seguro que no. Después de todo, tuve que practicar mucho antes de que manejar fuera algo natural para mí, y todavía tengo que prestar atención a lo que hago cuando manejo. Tener tiempos de oración regulares, solos o en comunidad, nos ayudan a enfocarnos en la presencia de Dios sin distracción y profundiza nuestra relación con él, de la misma manera que separar tiempo para compartir en pareja afianza el matrimonio. Separar un tiempo específico para orar también nos ayuda a cuidarnos del autoengaño de reclamar que estamos «orando sobre la marcha», cuando en realidad estamos simplemente ocupándonos de nuestros asuntos y pensando en Dios pasajeramente.

Jamás te aconsejaría que *no* separaras un tiempo periódico para orar. No obstante, he llegado a creer que el hábito formado por la práctica deliberada de la oración es más un medio para alcanzar un fin que un fin en sí mismo. Practicamos la oración para ayudarnos a hacer de ella una parte integral de nuestras vidas.

Hace unas semanas tuve la oportunidad de jugar golf con Max Lucado. Max ha sido mi héroe desde mis años en la universidad, por eso acepté con entusiasmo la oportunidad de pasar un día con él. Tan pronto pisamos el área del primer hoyo, le escuché decir algo muy sencillo y a la vez muy profundo. Mientras Max practicaba su balanceo de calentamiento, miró al cielo y dijo: «Dios, gracias por este día hermoso para jugar golf».

Ese sencillo acto fue profundo para mí porque me di cuenta de que Max estaba aprovechando la oportunidad para reconectarse con la presencia de Dios y guiarse a sí mismo al conocimiento de que *Dios está presente en este momento.* Incluso allí, parados en el primer hoyo, Dios está presente y es responsable por este día maravilloso que nos ha sido dado.

Pienso que ese es el objetivo esencial de la oración: estar conectados en cada momento al conocimiento de la presencia de Dios. Que permanezcamos en la Vid, porque sin esa fuente de vida perdemos el poder que con tanta desesperación necesitamos para evitar las promesas vacías de este mundo. Reconocer la presencia de Dios como mi fuente de vida y poder, presentándole a él mis pensamientos, cualesquiera que sean. O, como lo explicó memorablemente Henri Nouwen: «es convertir nuestras actividades mentales perpetuas en una perpetua oración» y llegar al punto en que «pensar se convierte en orar».[8]

La oración es mi oportunidad para recordar, reflexionar y, más importante aun, estar consciente de Emanuel, *Dios con nosotros.* Un Dios que es capaz y está dispuesto a ayudarme a tener la vida que diseñó para mí.

UNA PALABRA DE ADVERTENCIA

Permíteme contarte mi mayor temor con respecto a este capítulo. Temo que en lugar de permitir que Dios use las disciplinas espirituales de la soledad, las Escrituras, la oración y el ayuno para contrarrestar nuestro autoengaño y transformarnos en personas que aman a Dios y al prójimo, vayamos a comenzar a pulir y a perfeccionar estas prácticas hasta que parezcan brillantes relucientes becerros dorados. Cuando hacemos eso, bloqueamos su poder para transformarnos en la imagen de Cristo. Quizás hasta comenzamos a ver las prácticas en sí mismas como el modo de transformación y, por consiguiente, esperamos que nos den lo que solo Dios puede darnos.

Es muy posible incorporar todas las prácticas que hemos discutido, y muchas otras, y que no hagan nada ni en tu corazón ni en tu mente. No solo es posible, es una realidad para miles de cristianos todos los días.

Así que aunque te animo a que explores esas disciplinas, permíteme recordarte que en y por sí mismas, no tienen ningún valor. Pero si no tienes cuidado, pueden convertirse en ídolos muy fácilmente.

Ten cuidado de no permitir que la práctica de las disciplinas espirituales se conviertan en algo como «¿Dios, ves lo que estoy haciendo por ti?» Esta es una sutil tentación que puede estropear la obra que Dios desea hacer en tu vida. Es fácil caer en la trampa de que si hacemos todas las cosas correctas; es decir, orar, ayunar, leer la Palabra, buscar tiempo de soledad, Dios tiene que bendecirnos, cuidarnos y satisfacer todas nuestras necesidades egocéntricas.

Ten cuidado también de no permitir que esas prácticas espirituales se conviertan solamente en actividades motivadas por el deber religioso. No tomes ese yugo liviano que Jesús nos ha dado y lo transformes en una pesada carga para ti y los demás.

Si comienzas a sentirte culpable porque pasaste por alto tu tiempo de oración o dejaste de leer la Biblia un día o te dio mucha hambre y rompiste tu ayuno, no estás entendiendo lo que es esencial en todo esto. No se trata de fallarle a Dios o que él no esté contento contigo porque no lo estás intentando.

Las disciplinas espirituales no hacen que te anotes «puntos de chocolate» con Dios. Tú no te ganas el amor o el favor de Dios porque ores o leas la Biblia o ayunes o busques tiempo de retiro. Esas prácticas son simplemente una manera de acercarte más a él, de estar más consciente de su presencia . . . de estar con él y parecerte más a él.

Es nuestro tiempo con él —no las prácticas espirituales que nos acercan a él— lo que nos transforma más y más a la imagen de Dios que fue plantada originalmente en nosotros, aun antes de nuestra existencia misma.

Si bien es cierto que hay cierto aspecto de «hacer» en estas disciplinas espirituales —buscar un lugar para estar solo, tomar la Biblia para leerla, hacer arreglos para que el ayuno sea posible, tornar tu atención en oración a Dios— no lo hacemos por el mero hecho de hacerlo. Llevamos a cabo estas acciones y tomamos estas decisiones para poder ser conducidos más fácilmente a la presencia de Dios.

Es nuestro tiempo con él —no las prácticas espirituales que nos acercan a él— lo que nos transforma más y más a la imagen de Dios que fue plantada originalmente en nosotros, aun antes de nuestra existencia misma. Las disciplinas espirituales son simplemente medios para la transformación, no son la transformación en sí misma.

Es más, me atrevo a decir que la meta aquí no es tratar con más ahínco, sino el darnos cuenta de lo inútil que es tratar con tanto empeño.

Tal vez el objetivo es encontrar maneras, dentro de estas disciplinas, para abrirnos más plenamente para lo que solo Dios puede hacer: transformarnos por su gracia y verdad.

CAPÍTULO DOCE
SATISFACCIÓN DEL ALMA

Superman siempre ha sido mi superhéroe favorito.

Él no era mi única opción. Gracias a los dibujos animados en la televisión y las tirillas cómicas, existían muchísimos hombres muy fuertes con los que podía identificarme. Pero Superman era siempre mi primera alternativa. Cuando yo era niño, aprovechaba cualquier oportunidad para sentarme frente a la televisión y verlo acudir al rescate. Siempre llegaba a tiempo para salvarle el día a alguien.

Mientras escribo esto, está por comenzar otro verano repleto de películas de superhéroes a punto de estrenar en el cine. Mis hijos ya me están suplicando que los lleve a ver una. Cada vez que vemos los adelantos en la televisión, los muchachos comienzan a gritar: «¡Papá, ven acá! ¡Tienes que ver esto! ¡Apúrate, ven a verlo!»

El pasado viernes en la noche llevé a mi hijo mayor, Jett, a ver la más reciente película de superhéroes. La pasé muy bien viendo cómo sus ojos se iluminaban mientras la película saltaba de una escena a otra. Salió del cine con una enorme sonrisa en el rostro. Cuando le pregunté qué pensaba de la película, me dijo: «Me encantó, papá. Me fascinaría hacer algo así de increíble con mi vida».

Creo que mi hijo de diez años dio en el clavo en cuanto a la razón por la que estas historias siguen pasando de generación en generación.

Piensa en esto por un segundo. Es básicamente la misma historia narrada una y otra vez, pero siempre parece operar. Ya sea Superman, el Hombre Araña, la Mujer Maravilla o los Power Rangers (mi hijo de cinco años me hizo añadirlos), todos se amoldan a un patrón muy específico.

Alguna persona común y corriente está viviendo una vida común y corriente —y algo aburrida—, hasta que algo ocurre que cambia todo. Cuando de repente esa persona común y corriente es algo especial.

¿Por qué? Bueno, típicamente siempre hay involucrado algún tipo de don o poder. Pero, es más que eso, ¿cierto? Lo que es realmente distinto es que esa ex persona común y corriente de repente está viviendo en un mundo nuevo, con un propósito recién descubierto.

Destinado para distinguirte.

Escogido.

Nos sentimos atraídos hacia esas historias no porque queremos saltar edificios altísimos, vestirnos con un disfraz de lycra o imitar todo lo que puede hacer una araña. (Bien. Tal vez algunos sí queremos hacerlo.) Nos atraen esas historias porque el personaje principal descubre lo que nos ha llevado a nosotros a una búsqueda incansable:

- valor
- trascendencia
- aceptación
- amor
- belleza
- propósito

La diferencia más grande entre nuestras historias y las de ellos es que, en la vida real, no podemos simplemente tropezarnos con algo que nos convierta en «algo especial». Fuimos creados así. Fuimos creados para encontrar nuestro propósito —nuestro destino— en aquel que nos creó. El hecho de que nos distraemos, que nos volvemos a distintos ídolos para satisfacer esos anhelos dados por Dios, no cambia el hecho de que Dios nos diseñó para que nos esmeremos en conseguir algo importante.

Fuimos creados para encontrar nuestro propósito —nuestro destino— en aquel que nos creó. El hecho de que nos distraemos, que nos volvemos a distintos ídolos para satisfacer esos anhelos dados por Dios, no cambia el hecho de que Dios nos diseñó para que nos esmeremos en conseguir algo importante.

Este libro nunca ha tratado sobre la culpa. Nunca fue mi propósito señalar el hecho de que todos luchamos con la idolatría. Al contrario. Anhelo que encuentres la libertad que viene cuando vives siguiendo completamente a Dios. Anhelo que cada día seas más consciente de las promesas vacías, para que así no te alejes de la Fuente de poder real.

Necesitas eso porque el peligro que enfrentas es lo suficientemente real.

EL ENEMIGO REAL

Otro ingrediente clave en el típico drama del superhéroe es la trayectoria del personaje para entender mejor qué es lo que hace flaquear a sus enemigos y luego derrotarlos. El héroe puede cautivarnos con sus valientes proezas, pero él no es nada sin un buen villano. ¿Qué sentido tiene poder saltar edificios altísimos de un solo brinco si no existe un mal real al cual derrotar?

De forma similar, uno de los propósitos de aprender a liberarte realmente de las promesas vacías es entender que existe un ser maligno que lo más que desea es que te quedes atrapado y atascado en el vicioso ciclo de la idolatría.

El villano real en el drama de la idolatría, en otras palabras, no son los ídolos en sí. El dinero, las posesiones, la productividad, la belleza y todo lo demás no tienen un poder real para causarnos daño. Tampoco puede culparse completamente a nuestros desacertados corazones.

El verdadero villano cuando de promesas vacías se trata es el engañador mismo: Satanás.

Nota cómo tienta a Jesús en Lucas 4:

> Y le llevó el diablo a un alto monte, y le mostró en un momento todos los reinos de la tierra. Y le dijo el diablo: A ti te daré toda esta potestad, y la gloria de ellos; porque a mí me ha sido entregada, y a quien quiero la doy. Si tú postrado me adorares, todos serán tuyos. (vv. 5-7)

¿Te parece conocido? Satanás le prometió a Jesús autoridad en el mundo y el esplendor de las riquezas. A nosotros, Satanás nos dice: «Te voy a dar . . . dinero, sexo, poder o cualquier otra cosa que tu corazón desee». Él nos jura que esas cosas nos satisfarán o nos harán felices, pero eso es algo que es incapaz de hacer.

Él ha estado diciendo cosas como esas por mucho, mucho tiempo. Tentó a Eva con la promesa de llegar a ser como Dios. Le pasó por encima a Job. Satanás «entró» en Judas antes de que este traicionara a Jesús (Lucas 22.3).

Y aun así, seguimos cayendo en la trampa. ¿Por qué luego de ver a una persona tras otra *no* ser satisfecha por las promesas vacías, seguimos pensando que sí nos van a hacer felices a *nosotros*? El carrusel sigue dando vueltas y más vueltas, siempre en el mismo sitio, pero seguimos pensando que estamos en un recorrido único, que esta vez las cosas serán diferentes.

¿Somos realmente tan tontos? ¿O hay alguien que nos sigue diciendo esas cosas? ¿Engañándonos? Y lo que es peor, ¿nos está haciendo creer que no es él quien está hablando?

¿Por qué estoy haciendo de eso una gran cosa? Porque es muy importante que estemos claros en cuanto a quién es nuestro enemigo real. No son las promesas vacías en sí mismas, sino aquel a través de quien vienen. Satanás es el que está tratando de arruinarnos y engañarnos.

¿Qué nos dice Pablo sobre nuestras luchas en Efesios 6.12? No son «contra sangre y carne, sino contra principados, contra potestades, contra los gobernadores de las tinieblas de este siglo, contra huestes espirituales de maldad en las regiones celestes».

Esos «gobernadores de las tinieblas de este siglo» dirigidos por Satanás mismo, no están haciendo bromas. Satanás tiene la determinación de destruirnos. Cuando Pedro advierte a sus compañeros creyentes sobre Satanás, ¿qué les dice? «Sed sobrios, y velad; porque vuestro adversario el diablo, como león rugiente, anda alrededor buscando a quien devorar» (1 Pedro 5.8).

UN SUPERHÉROE BÍBLICO

Daniel es uno de los hombres de los que más se habla en la Biblia, algo así como un superhéroe bíblico. Su historia se cuenta una y otra vez como ejemplo de gran valentía al encarar el peligro, sobre todo cuando fue lanzado al pozo de los leones hambrientos y sobrevivió. Tal vez escuchaste la historia en la escuela bíblica. Pero lo que curiosamente falta en la historia es *alguna* descripción de la experiencia de Daniel en aquel pozo de leones.

Mi amigo y compañero pastor Steven Furtick señaló esto en un reciente comentario en su *blog*, lo cual es absolutamente cierto.[1] Tal como comenta Steven, hay ciento cincuenta y tres versículos que describen la vida de Daniel antes de haber sido lanzado al pozo. Aparte de un par de versículos en los que Daniel le dice al rey que Dios envió a un ángel para que cerrara la boca de los leones, no hay un relato real de cómo ocurrió eso.

Piénsalo bien. Un hombre que ha sido lanzado a un pozo lleno de bestias salvajes y hambrientas es una historia realmente interesante.

Piensa en todas las posibilidades: los dientes, el olor, el miedo, el ángel. ¿Por qué no nos cuentan la historia de escena en escena?

Creo que es porque la valentía y la fe de Daniel en el pozo de los leones no son el propósito fundamental. Después de todo, cerrar la boca de los leones fue un asunto de Dios. Una vez que Daniel fue lanzado en aquel pozo, ¿qué podía hacer realmente?

Sin embargo, no estoy diciendo que Daniel no fue un héroe. Lo que es verdaderamente impresionante es la manera en que vivió *antes* de su encuentro cercano con aquellos leones.

Antes, en el capítulo 5, echamos un vistazo a la vida de Daniel. En este capítulo quiero que profundicemos en dos decisiones cruciales que tomó Daniel que le permitieron esquivar las minas que llamamos promesas vacías y, al hacerlo, ser usado por Dios de una forma poderosa. Pienso que estas dos decisiones son esenciales para cualquiera de nosotros que esté tomando en serio el llegar a ser el hombre o la mujer que Dios quiso que fuéramos cuando nos creó.

Sirve continuamente

Vimos antes cómo Daniel se ganó el favor a los ojos del rey Nabucodonosor. Ahora, años más tarde, un nuevo monarca, el rey Darío, está al mando. Daniel continuó ganando el favor del soberano y ascendiendo en su administración. Pero eso provocó que otros miembros de la corte tuvieran celos, así que buscaron una manera de perjudicarlo:

> Pero Daniel mismo era superior a estos sátrapas y gobernadores, porque había en él un espíritu superior; y el rey pensó en ponerlo sobre todo el reino. Entonces los gobernadores y sátrapas buscaban ocasión para acusar a Daniel en lo relacionado al reino; mas no podían hallar ocasión alguna o falta, porque él era fiel, y ningún vicio ni falta fue hallado en él. Entonces dijeron aquellos hombres: No hallaremos contra este Daniel ocasión alguna para acusarle, si no la hallamos contra él en relación con la ley de su Dios. (Daniel 6.3-5)

Puedes imaginarte lo frustrados que estaban esos tipos. Ellos eran políticos de carrera, acostumbrados a ver corrupción en cada esquina. Pero cuando intentaron achacarle a Daniel algo de esa corrupción, no pudieron.

Buscaron alguna mentira que hubiera dicho. Nada.

Buscaron alguna ley que hubiera violado. Nada.

Buscaron algún atajo que hubiera tomado. Nada.

A la larga se dieron cuenta de que la única manera que podían atrapar a Daniel haciendo algo incorrecto era cambiando las reglas. Así que fueron donde el rey Darío, le mintieron y lo convencieron para que creara una ley que interfiriera con la famosa devoción a Dios que exhibía Daniel. La nueva ley estipulaba que durante los siguientes treinta días nadie podía orar a ningún dios ni humano, excepto al rey mismo.

> Cuando Daniel supo que el edicto había sido firmado, entró en su casa, y abiertas las ventanas de su cámara que daban hacia Jerusalén, se arrodillaba tres veces al día, y oraba y daba gracias delante de su Dios, como lo solía hacer antes. Entonces se juntaron aquellos hombres, y hallaron a Daniel orando y rogando en presencia de su Dios. Fueron luego ante el rey y le hablaron del edicto real: ¿No has confirmado edicto que cualquiera que en el espacio de treinta días pida a cualquier dios u hombre fuera de ti, oh rey, sea echado en el foso de los leones? (vv. 10-12)

¿Por qué aquel grupo de consejeros sabía que la fe de Daniel era la manera de atraparlo? Porque habían visto aquella fe en acción día a día.

Hay una excelente frase que aparece varias veces en el libro de Daniel. Los babilonios la usaban para describir lo que observaban que ocurría entre Daniel y su Dios, el tipo de relación que veían en la vida de Daniel. Ellos hablaban del Dios «a quien tú *continuamente* sirves» (Daniel 6.16 y 6.20, énfasis añadido).

No ocasionalmente.

No esporádicamente.

No cuando es conveniente.

El Dios a quien tú *continuamente* sirves.

A veces pienso que mucha gente quiere tener una experiencia del tipo foso de los leones en la que Dios haga cosas enormes en sus vidas. Un momento en el que Dios llegue de una forma espectacular.

Sin embargo, la mayoría de las personas nunca tendrá la oportunidad de probar la fidelidad de Dios en el foso de los leones porque no han establecido su fe en su vida cotidiana.

No van a ver a Dios llegar espectacularmente en sus finanzas porque no han aprendido a confiar en él con el diez por ciento de lo que tienen.

No van a ver más favor hacia ellos en el trabajo porque han segregado a Dios de sus trabajos.

No van a ver a Dios usarlos de forma poderosa en el colegio porque viven de tal modo que nadie sabe siquiera que creen en Dios.

La clave para vivir una vida cristiana heroica no es tratar de ser como Daniel en el foso de los leones. Es ser como el Daniel que oraba todos los días y se aferraba a su integridad. Es ser como el Daniel que servía a Dios continuamente, el que constante y continuamente batalló contra el remedio rápido que con frecuencia acompaña a la tentación de la idolatría.

No pienso que ser cristianos maduros signifique que lleguemos a un punto en el que nunca tengamos que lidiar con la idolatría. Por el contrario, la madurez viene cuando nos damos cuenta de que esta va a ser una batalla para toda la vida . . . y decidimos entrar en combate todos los días. Es esta comprensión, me parece, la que nos encamina a liberarnos de las promesas vacías que intentan controlarnos.

No pienso que ser cristianos maduros signifique que lleguemos a un punto en el que nunca tengamos que lidiar con la idolatría. Por el contrario, la madurez viene cuando nos damos cuenta de que esta va a ser una batalla para toda la vida . . . y decidimos entrar en combate todos los días.

Cree persistentemente

Daniel no solo sirve continuamente. También creyó persistentemente. Y es posible que no fuera fácil hacerlo.

El hombre soportó muchísimo en la vida. Desde su niñez, vivió numerosos acontecimientos que pudieron haber ocasionado que claudicara de su fe y su devoción a Dios. Me sospecho que hubo años de oraciones sin respuesta que hicieron que Daniel sintiera que Dios se había olvidado de él o, tal vez peor, que no le importaba a Dios.

Daniel tuvo que haber orado cuando era un niño y Babilonia emergía como una potencia mundial. Cuando Nabucodonosor amenazó al pequeño país de Israel, Daniel tuvo que haber orado para que Nabucodonosor no los derrotara. Pero Nabucodonosor ganó.

Cuando Babilonia tomó en cautiverio a algunos de los mejores y más brillantes jóvenes de Israel, Daniel tuvo que haber orado para no ser uno de ellos. Pero él fue uno de esos adolescentes que tuvo que hacer el largo viaje hasta el palacio del rey babilonio.

Entonces, años más tarde, cuando Daniel escuchó sobre un nuevo decreto en el que todo el mundo tenía que orar al rey Darío, él tuvo que haber orado para que el rey Darío cambiara de opinión sobre el decreto, para que no lo hiciera cumplir. Desgraciadamente, eso tampoco ocurrió.

No estoy diciendo que Daniel no haya experimentado nunca la fidelidad de Dios. En realidad, sintió el toque de Dios una y otra vez en su vida. Pero hubo también períodos en los que parecía que todo iba mal y Dios parecía estar bien lejos. En esos momentos, no debió haber sido fácil para Daniel seguir creyendo.

¿Sabes? Si soy sincero, soy mucho más propenso a comenzar a buscar un dios falso cuando no puedo sentir la presencia del Dios real o cuando parece que me ha defraudado. ¿Acaso no es este con frecuencia el catalizador para la idolatría en nuestras vidas?

Simplemente regresa a uno de los primeros ejemplos de idolatría en la Biblia: el mismo que discutimos en el capítulo uno. Moisés había dirigido a los israelitas en su salida de Egipto, pero luego había desaparecido por un largo período de tiempo. Él estaba recibiendo los Diez Mandamientos, pero los israelitas no lo sabían. Así que convencieron a Aarón para que les hiciera un becerro de oro al que pudieran adorar.

En sus mentes, un líder presente representaba a un Dios presente. Aunque Dios nunca los había dejado, ni siquiera por un segundo, ellos lo percibieron de otra manera. Estuvieron dispuestos a tornarse a un dios falso, a un becerro de oro que no podía ofrecerles absolutamente nada que no fuera solo existir. No podía hablar, respirar, liderar ni hacer milagros, pero —¡caramba!— estaba allí en medio de ellos. Y para los israelitas, que se sentían abandonados, aquello fue una enorme tentación para la idolatría.

Sin embargo, tú y yo no somos muy distintos. Es en los momentos cuando Dios parece estar distante que los ídolos nos parecen particularmente atractivos. Después de todo, están disponibles.

Podemos llamarlos.

Podemos comerlos o beberlos o fumarlos. Bueno, algunos de ellos.

Podemos manipularlos.

Podemos comprarlos o venderlos.

Podemos usarlos como distracciones de lo que realmente necesitamos.

Estamos dispuestos a claudicar ante esos ídolos porque no queremos depender de un Dios que es invisible y que a veces es difícil sentir. Perseverar en creer en momentos así simplemente parece muy difícil.

Con tantas oraciones de Daniel que parecían haber quedado sin respuesta, él era el candidato perfecto para zambullirse de cabeza en la idolatría. Pero no lo hizo. Al contrario, siguió creyendo. Por eso, mientras era lanzado en el foso de los leones, debió haber orado una vez más: «Dios, por favor, sálvame».

Y esta oración Dios sí la contestó.

Me gusta mucho el intercambio que ocurre entre Daniel y el rey Darío a la mañana siguiente de haber sido lanzado al foso de los leones.

> El rey, pues, se levantó muy de mañana, y fue apresuradamente al foso de los leones. Y acercándose al foso llamó a voces a Daniel

con voz triste, y le dijo: Daniel, siervo del Dios viviente, el Dios tuyo, a quien tú continuamente sirves, ¿te ha podido librar de los leones? Entonces Daniel respondió al rey: Oh rey, vive para siempre. Mi Dios envió su ángel, el cual cerró la boca de los leones, para que no me hiciesen daño, porque ante él fui hallado inocente; y aun delante de ti, oh rey, yo no he hecho nada malo. (vv. 19-22)

La obstinada manera de creer de Daniel no solo produjo una milagrosa obra en su propia vida. Su fe aplastó la idolatría en las vidas de otras personas. Su confianza en Dios dio cabida a que otras personas notaran el vacío de las cosas en las que ellas estaban confiando. Mira cómo respondió el rey Darío:

De parte mía es puesta esta ordenanza: Que en todo el dominio de mi reino todos teman y tiemblen ante la presencia del Dios de Daniel; porque él es el Dios viviente y permanece por todos los siglos, y su reino no será jamás destruido, y su dominio perdurará hasta el fin. Él salva y libra, y hace señales y maravillas en el cielo y en la tierra; él ha librado a Daniel del poder de los leones. (vv. 26-27)

Mientras Daniel escuchaba al rey Darío pronunciar estas palabras, debió haber pensado: «¡Ese es mi Dios! Puedes servir a cualquier dios que quieras. Puedes orar a cualquier dios que quieras, pero solo hay un Dios que es capaz».

¡ÉL ES EL QUE ES!

Quiero que sepas que creo de todo corazón que nuestro Dios es capaz de suplir tus necesidades más profundas. Él no es un mito. No es una abstracción ni una idea bonita. Él no es un grito de última moda.

Él es real. Creó todo lo que es. Está más allá del tiempo, del espacio, de la historia. Lo que para mí parece imposible, no es ni es remotamente difícil para él.

En otras palabras, él no es una promesa vacía. ¡Él es el que es!

Esto significa que no tienes que vivir con temor.

No tienes que vivir derrotado ni buscando algo, cualquier cosa, que sane el dolor o que llene los espacios vacíos en tu vida, porque nuestro Dios puede hacer todo eso.

Él puede reconciliar un matrimonio hecho pedazos.

Él puede liberar a la gente de terribles adicciones.

Él puede perdonar los pecados más horribles y convertir al ser humano es una nueva criatura.

Él puede suplir la necesidad más apremiante.

Él puede guiarnos con sabiduría sobrenatural.

Nuestro Dios puede hacerlo.

Él es exactamente lo que has estado buscando toda tu vida.

Lo has buscado en la aprobación de tus padres.

Has intentado encontrarlo alcanzando más y más logros.

Pero ha estado aquí todo el tiempo. Aquí está Dios, tu Creador.

Porque él, solo él, puede darte lo que ninguno de esos dioses falsos podrían darte jamás.

SOLO LLEGAR A CASA SERÁ SUFICIENTE

Cuando era niño, acostumbraba asistir a un campamento de la iglesia que se llamaba «Happy Hills Acres». Mi semana en «Happy Hills Acres» no se comparaba con ninguna otra del año.

Allí no había alojamientos cómodos. Nos quedábamos en cabañas rústicas, llenas de camas literas.

No había televisión, así que teníamos que aprender a disfrutar entretenimientos más sencillos, como fútbol de mesa y juegos de cartas, como Uno.

Tampoco había aire acondicionado.

Pensándolo bien, realmente no había mucho de «happy» [feliz] en «Happy Hill Acres».

Aunque durante muchos años asistí a ese campamento, jamás olvidaré el verano cuando cumplí nueve años. Extrañaba terriblemente mi casa. Todas las noches me escondía en mi saco de dormir lo mejor que podía para que los otros chicos no me escucharan llorar hasta quedarme dormido.

Intenté olvidarme de mi casa participando en todas las actividades que ofrecían en el campamento. Pero nada daba resultado. Extrañaba mi casa demasiado. Me sentía miserable. Sentía un vacío inconsolable en mí que solo podía llenarse regresando a casa.

El campamento terminaba el sábado, pero el miércoles me hice el enfermo y logré que me dejaran ir a casa antes de tiempo. No puedo explicarte mi emoción cuando vi a mis padres que se acercaban en el coche para recogerme. Sabía, sin ninguna duda, que lo único que podía aliviar mi dolor era irme a casa.

Esa es una realidad importante de la que tenemos que hablar ahora que estamos cerrando el tema de los ídolos y las promesas vacías. En esta vida, no importa lo mucho que busquemos a Dios, y solo a Dios, no importa con cuánta frecuencia sirvamos o con cuánta persistencia creamos, siempre habrá un vestigio de vacío en lo profundo de nuestras almas. Si bien es cierto que buscar a Dios, y solo a Dios, trae propósito, satisfacción y valor a nuestras vidas, no nos sentiremos completos, por lo menos no será así todo el tiempo.

¿Por qué?

Porque no se supone. Porque todavía no estamos en casa.

Ninguna relación con Dios aquí en la tierra será tan abundante, gratificante y liberadora como la que tendremos en el cielo.

Me parece que hemos perjudicado a la iglesia diciendo que Dios puede dar una vida completamente satisfactoria, sin añadir que eso no ocurrirá cabalmente en esta vida. No estamos ayudando a la gente si no les advertimos sobre lo que llamo el «inconsolable vacío» de la vida en la tierra.

C. S. Lewis escribió: «Si encuentro dentro de mí un deseo el cual ninguna experiencia en este mundo puede satisfacer, la explicación más probable es que fui creado para otro mundo».[2]

Yo creo que perdemos de vista eso a menudo. Pensamos que lo que deseamos es un título más alto, mejor apariencia física, más popularidad, sumas de dinero más grandes, el cónyuge perfecto. No obstante, lo que realmente deseamos es a la persona para la que fuimos creados —Jesús— y el lugar para el que fuimos creados: el cielo.

Pero eso no quiere decir que debemos rendirnos. Podemos dirigir nuestro vacío interior hacia Dios y confiar en él en cuanto a nuestra definitiva satisfacción. O podemos tomar la decisión de valernos por nosotros mismos y volvernos a las promesas vacías que solo empeoran nuestro vacío interior.

Existen solo unos pocos momentos neutrales en la vida. Todos y cada uno ofrecen una oportunidad —una alternativa—, de acercarnos a la semejanza y presencia de nuestro Creador o de alejarnos si creemos las promesas vacías de este mundo.

Esa idea no debe asustarnos, ni hacernos sentir culpables ni paralizarnos. No debemos enloquecernos con la idea, debemos verla de un modo liberador, dándonos cuenta de que cada momento de cada día nos ofrece la oportunidad de ser atraídos a la presencia de Dios, ser formados por su gracia y acercarnos más a nuestro hogar. Nuestras vidas pueden ser literalmente transformadas cuando decidimos vivir en plena y constante conciencia de la presencia de Dios.

Existen solo unos pocos momentos neutrales en la vida. Todos y cada uno ofrecen una oportunidad —una alternativa—, de acercarnos a la semejanza y presencia de nuestro Creador o de alejarnos si creemos las promesas vacías de este mundo . . . Cada momento de cada día nos ofrece la oportunidad de ser atraídos a la presencia de Dios, ser formados por su gracia y acercarnos más a nuestro hogar.

Uno de los grandes temas de las Escrituras es la constante y repetitiva comunicación de Dios, diciendo: «Yo estoy contigo. Ahora bien, ¿decides tú estar conmigo?»

El arco iris de Dios le estaba diciendo a Noé: «Yo estoy contigo. ¿Decides tú estar conmigo?»

El nacimiento de Isaac fue la manera de decirle a Abraham: «Yo estoy contigo. ¿Decides tú estar conmigo?»

La provisión de maná era Dios diciéndoles a los israelitas: «Yo estoy con ustedes. ¿Deciden ustedes estar conmigo?»

El río Jordán retirándose, el sonido de Goliat estrellándose contra el suelo, el becerro consumido por las llamas, el decreto del rey protegiendo a los judíos . . . todas son variaciones del mismo mensaje por parte de Dios: «Yo estoy contigo. ¿Decides tú estar conmigo?»

¿Y el nacimiento de Emanuel . . . Jesús? Fue Dios diciéndole a toda la humanidad: «Yo estoy contigo. ¿Decides tú estar conmigo?»

La cruz en la que Jesús murió . . . y la tumba vacía, fue Dios diciendo por un megáfono: «Yo estoy contigo. ¿Decides tú estar conmigo?»

Y eso sigue . . . con el Espíritu Santo entrando en escena como un estruendo en Hechos 2, el violento terremoto sacudiendo la celda en Hechos 16, la revelación a Juan en la isla de Patmos. Una y otra vez en las Escrituras, recibimos esa promesa de que si nos acercamos a Dios, él se acercará a nosotros (Santiago 4.8).

John Ortberg escribe: «Al fin y al cabo, nosotros no tenemos un programa, ni un plan, ni una plataforma, ni un producto para ayudar al mundo. Tenemos un Salvador. No señalamos al éxito, ni al conocimiento, ni al placer, ni al poder. Señalamos a una cruz».[3]

La cruz es más que la línea de arranque de nuestra fe. Es alrededor de ella que orbita nuestra fe. Es a la sombra de esa cruz que oro para que jamás te conformes con menos que la persona que Dios pensó cuando te creó.

Es mi oración que esa cruz sea tu recordatorio de que Jesús no simplemente venció las consecuencias del pecado, permitiéndote así la posibilidad de una eternidad con él. Él también venció el poder del pecado y así puso a tu disposición la transformación. Porque es cuando nos alejamos de las promesas vacías y nos acercamos a su presencia real que somos transformados de . . .

La cruz es más que la línea de arranque de nuestra fe. Es alrededor de ella que orbita nuestra fe. Es a la sombra de esa cruz que oro para que jamás te conformes con menos que la persona que Dios pensó cuando te creó.

- impulsados a dedicados;
- necesitados a afirmados;
- controladores a rendidos;
- codiciosos a dadivosos;
- regidos por la religión a liberados en la fe;
- obsesionados por la apariencia a verdaderamente bellos;
- frustrados con el pasado a confiados en el futuro.

Si podemos aprender a encontrar nuestra máxima satisfacción en Dios de un momento al otro y al otro, podemos estar seguros de que nuestras vidas serán significativas y podremos disfrutar lo mejor que Dios nos ofrece. Y nunca seremos los mismos.

Las personas a nuestro alrededor no serán las mismas.

Este mundo no será el mismo.

Aun cuando nos acecha el inconsolable vacío de saber que todavía no estamos en casa, podemos experimentar una satisfacción verdadera y gratificante que ningún ídolo jamás podrá ofrecernos. El mañana pronto estará aquí, todos vamos a enfrentar la asombrosa invitación de Jesús para adorarle «en espíritu y en verdad» (Juan 4.23).

¡Escucha! ¿Puedes oírla? Jesús te está llamando a entregar tus ídolos y a poner tu confianza en él. Porque solo él merece tu absoluta devoción.

Solo él tiene la autoridad para perdonar todos tus pecados.

Solo él tiene la sabiduría para guiar toda tu vida.

Solo él tiene el poder para llenar tu constante vacío interior.

Solamente Jesús tiene el poder de llevarte a casa, un día, adonde perteneces . . . con él.

Porque, desde el principio, ese ha sido tu destino.

NOTAS

Capítulo uno: Engañosamente buena

1. Juan Calvino, *Institución de la Religión Cristiana*, 1.11.8, citado en Nick Nowalk, "Smashing Idols", *The Harvard Ichthus: A Journal of Christian Thought and Expression*, http://www.harvardichthus.org/fishtank/2010/03/smashing-our-idols/.
2. C. S. Lewis, *Mere Christianity* (Nueva York: HarperCollins, 2001), p. 135 [*Mero cristianismo* (Nueva York: Harper Collins, 2006)].
3. Lewis Smedes, *Standing on the Promises: Keeping Hope Alive for a Tomorrow We Cannot Control* (Nashville: Thomas Nelson, 1998), p. 41.

Capítulo dos: La vida alerta

1. Ruth Haley Barton, *Sacred Rhythms: Arranging Our Lives for Spiritual Transformation* (Downers Grove, IL: InterVarsity, 2006), p. 94, énfasis añadido [*Momentos sagrados: Alineando nuestra vida para una verdadera transformacion spiritual* (Grand Rapids: Vida, 2008)].
2. Dallas Willard, citado en John Ortberg, "Tiger and the Good Life: Good Life: Celebrities and Obituaries Offer Competing Definitions of What's Worth Pursuing", *Leadership Journal* (edición en línea), 14 diciembre 2009, http://www.christianitytoday.com/le/2009/december-online-only/tigerandthegoodlife.html. Originalmente presentado en "Character and Curriculum: The Impact of Classroom Content on Spiritual Formation", conferencia sobre asuntos clave dada en el International Forum on Christian Higher Education, 31 mayo 2006, transcripción disponible en inglés en línea en http://www.dwillard.org/resources/CCCU2006c.asp.
3. C. S. Lewis, *The Weight of Glory* (Nueva York: Harper Collins, 2001), p. 26 [*El peso de la gloria* (Nueva York: Harper Collins, 2001)].

Capítulo tres: La seducción del logro

1. Algunos detalles de esta carta, incluyendo los nombres, han sido cambiados.
2. Erwin Raphael McManus, "Driven, Destined, and Determined to Change", en *Soul Cravings* (Nashville: Thomas Nelson, 2006), Destiny Entry 18.
3. Citado en Lynn Hirschberg, "The Misfit", *Vanity Fair* (abril 1991): pp. 160-69, 196-202, citado en Timothy Keller, *Counterfeit Gods: The Empty Promises of Money, Sex, and Power, and the Only Hope That Matters* (Nueva York: Dutton, 1998), p. 72 [*Dioses falsos* (Grand Rapids: Vida, 2011)].
4. Harriet Rubin, "Success and Excess", *Fast Company*, 30 septiembre 1998, http://www.fastcompany.com/magazine/18/success.html?page=0%2C2.

Capítulo cuatro: Adictos a la aprobación

1. Henri Nouwen, *Clowning in Rome: Reflections on Solitude, Celibacy, Prayer, and Contemplation* (Nueva York: Doubleday Image, 1979), p. 39 [*Payasadas en Roma: Reflexiones sobre la soledad, el celibato, la oración y la contemplación* (Buenos Aires: Lumen, 1997)].
2. Timothy Keller, *Counterfeit Gods: The Empty Promises of Money, Sex, and Power, and the Only Hope That Matters* (Nueva York: Dutton, 1998), p. 37 [*Dioses falsos* (Grand Rapids: Vida, 2011)]. El comentarista al que se hace referencia en esta selección es Derek Kidner, *Genesis: An Introduction and Commentary* (Downers Grove, IL: InterVarsity, 1967), p. 160 [*Génesis: Introducción y comentario* (Buenos Aires: Certeza, 1985)].
3. McManus, "Being Loved to Death?" en *Soul Cravings*, Intimacy Entry 13.

Capítulo cinco: Los peligros del poder

1. C. S. Lewis, *God in the Dock* (Grand Rapids, MI: Eerdmans, 2001), p. 56 [*Dios en el banquillo* (Madrid: Rialp, 1996)].
2. Jeffrey Pfeffer, *Power: Why Some People Have It—and Others Don't* (Nueva York: HarperCollins, 2010), p. 195.
3. Keller, *Counterfeit Gods* (Nueva York: Dutton, 1998), p. 121.

Capítulo seis: El dinero siempre quiere ser más que eso

1. Graeme Wood, "Secret Fears of the Super-Rich", *The Atlantic*, abril 2011, http://www.theatlantic.com/magazine/archive/2011/04/secret-fears-of-the-super-rich/8419/.
2. Brent Kessel, "How Much Money Is Enough?" MSN Money, 14 julio 2008, https://createalegacy.wordpress.com/2008/07/16/how-much-money-is-enough/.
3. Max Lucado, *Aligere su equipaje* (Nashville: Grupo Nelson, 2001), pp. 40-41.
4. Judith Warner, "The Charitable-Giving Divide," *New York Times Magazine*, 20 agosto 2010, http://www.nytimes.com/2010/08/22/magazine/22FOB-wwln-t.html. Ver también John Stossel y Kristina Kendall, "Who Gives and Who Doesn't?" *20/20*, 28 noviembre 2006, http://abcnews.go.com/2020/story?id=2682730&page=1.

Capítulo siete: La religión miente

1. William J. Larkin Jr., *Acts*, The IVP New Testament Commentary Series (Downers Grove, IL: InterVarsity, 1995), accesado en BibleGateway.com como "Acts 8—IVP New Testament Commentaries," http://www.biblegateway.com/resources/commentaries/IVP-NT/Acts/Philip-Ethiopian-Eunuch.
2. David Crowder, "Sometimes", © 2011 sixsteps Music / worshiptogether.comSongs / Inot Music (Admin. por EMICMGPublishing.com) (ASCAP). Puedes escuchar esta hermosa canción en inglés y encontrar enlaces para descargarla en http://www.worshiptogether.com/songs/songdetail.aspx?iid=1836139.

Capítulo ocho: Adictos a la belleza

1. Shaun Dreisbach, "Shocking Body-Image News: 97% of Women Will Be Cruel to Their Bodies Today", *Glamour,* febrero 2011, http://www.glamour.com/health-fitness/2011/02/shocking-body-image-news-97-percent-of-women-will-be-cruel-to-their-bodies-today.
2. Ibíd.
3. Sarah Knapton, "Solid Gold Statue of Kate Moss Unveiled at British Museum", *Telegraph*, 28 agosto 2008, http://www.telegraph.co.uk/news/celebritynews/2636358/Solid-gold-statue-of-Kate-Moss-unveiled-at-British-Museum.html.
4. Michelle Graham, *Wanting to Be Her: Body Image Secrets Victoria Won't Tell You* (Downers Grove, IL: InterVarsity, 2005), pp. 14-15.
5. Para un corto resumen sobre algunos de los factores que se creen pueden afectar el desarrollo de la anorexia nerviosa, ver Roxanne Dryden-Edwards, "Anorexia Nervosa", MedicineNet.com, http://www.medicinenet.com/anorexia_nervosa/article.htm#tocd.
6. Katy Lee, "Competitive Beauty Pageant Prompts Mom to Use Botox on Her Daughter", Walnut Patch, 17 mayo 2011, http://walnut.patch.com/articles/competitive-beauty-pageant-prompts-mom-to-use-botox-on-her-daughter.
7. Michelle Myers, *The Look That Kills: An Anorexic's Addiction to Control* (Nashville: CrossBooks, 2010), p. 33.
8. Ibíd., p. 95.
9. Margery Williams, *El conejo de terciopelo o cómo los juguetes se convierten en reales*, Colección Rascacielos (Madrid: Everest, 1996), pp. 10-11.

Capítulo nueve: Tras un sueño

1. Dallas Willard, "The Gospel of the Kingdom and Spiritual Formation", en *The Kingdom Life: A Practical Theology of Discipleship and Spiritual Formation*, ed. Alan Andrews (Colorado Springs: NavPress, 2010), p. 41.

Capítulo diez: Eres lo que adoras

1. John Ortberg, "Kings and Priests", catalystspace, 11 enero 2011, http://www.catalystspace.com/content/read/article_JAN11--kings_and_priests--ortberg/.

2. Carolyn Custis James, *Half the Church: Recapturing God's Global Vision for Women* (Grand Rapids, MI: Zondervan, 2010), pp. 54, 56.
3. N. T. Wright, citado en Ortberg, "Kings and Priests".
4. Ibíd.
5. A. W. Tozer, *The Knowledge of the Holy* (Nueva York: HarperColllins, 1961), p. 1 [*El conocimiento del Dios santo* (Miami: Vida, 1996)].
6. Richard J. Foster, *Celebration of Discipline: The Path to Spiritual Growth*, 3a ed. (Nueva York: Harper Collins, 1998), pp. 171-72 [*Celebración de la disciplina: Hacia una vida espiritual más profunda* (Miami: Peniel, 2009)].

Capítulo once: Cómo vivir cerca de la verdad

1. Dallas Willard, *The Spirit of Disciplines: Understanding How God Changes Lives* (Nueva York: HarperCollins, 1991), p. 163 [*El espíritu de las disciplinas* (Miami: Vida Publishers, 2009)].
2. Henri Nouwen, *The Way of the Heart: Desert Spirituality and Contemporary Ministry* (Nueva York: Harper Collins, 1991), pp. 27-28 [*El camino del corazón* (Madrid: Narcea, 1986)].
3. John Piper, *A Hunger for God: Desiring God Through Fasting and Prayer* (Wheaton, IL: Crossway, 1997), p. 14 [*Hambre de Dios: Cómo desear a Dios por medio de la oración y el ayuno* (Barcelona: Andamio, 2004)].
4. Foster, *Celebration of Discipline*, p. 55.
5. William C. Taylor, "Permission Marketing", Fast Company, 31 marzo 1998, http://www.fastcompany.com/magazine/14/permission.html. Ver también Lonny Kocina, "The Average American Is Exposed to . . .", Publicity.com, http://www.publicity.com/articles/the-average-american-is-exposed-to-/.
6. John Ortberg, *The Me I Want to Be: Becoming God's Best Version of You* (Grand Rapids: Zondervan, 2010), p. 136 [*El ser que quiero ser: Conviértete en la mejor versión de ti mismo* (Grand Rapids: Vida, 2010)].
7. Ibíd, p. 134.
8. Nouwen, *Clowning in Rome*, p. 60.

Capítulo doce: Satisfacción del alma

1. Steven Furtick, "Real Courage", Steven Furtick, 13 enero 2011, http://www.stevenfurtick.com/spiritual-growth/real-courage/.
2. Lewis, *Mere Christianity*, pp. 136-37.
3. Ortberg, *The Me I Want to Be*, p. 253.

ACERCA DEL AUTOR

Pete Wilson es el pastor fundador y principal de la Iglesia Cross Point en Nashville, Tennessee; la segunda iglesia que él ha iniciado en los últimos siete años. Pete se graduó en comunicaciones de la Western Kentucky University y luego asistió al Southern Seminary en Louisville, Kentucky. Su deseo es ver iglesias convertidas en devotas radicales a Cristo, irrevocablemente comprometidos unos con otros, e incansablemente dedicadas a alcanzar a los que están fuera de la familia de Dios.

Él está casado con Brandi y tienen tres niños. Cuando no está pasando tiempo con la iglesia o la familia, él disfruta de jugar golf y más golf.